Grand Canyon Nationalpark

Wolfgang Förster

PLANEN. REISEN. ERLEBEN.

Bibliografische Information der Deutschen Nationalbibliothek:
Die Deutsche Nationalbibliothek verzeichnet diese Publikation in der Deutschen Nationalbibliografie; detaillierte bibliografische Daten sind im Internet über http://dnb.d-nb.de abrufbar.

© **2018 by Wolfgang Förster, Hennef - box21@online.de**

Fotos: NPS, Barbara Russwurm, Wolfgang Förster

Herstellung und Verlag: BoD - Books on Demand, Norderstedt

ISBN 978-3-746-00608-6

Die aufgeführten Informationen wurden sorgfälltigst recherchiert.
Dennoch kann der Autor für die Richtigkeit keine Gewähr übernehmen.

Inhalt

Grand Canyon North Rim

Anhang

Liebe Leser

„Great", „Grandios", „Wunderbar" oder einfach nur „Ahh" oder „Ohh" - Die Ausrufe der Besucher am oder im Grand Canyon ähneln sich. Hier, im Norden Arizonas hat die Natur ein einmaliges Monument erschaffen. Es ist um so eindrucksvoller, da man es nicht - wie etwa die Alpen - schon auf der Anfahrt sehen kann. Urplötzlich steht man an der Kante zum Canyon und schaut in die riesige Schlucht, die der Colorado River im Laufe von Millionen Jahren geschaffen hat. Man sieht die freigelegten Gesteinsschichten, je nach Tageszeit und Wetter leuchtend, vom hellen Beige über die verschiedensten Rottöne, Orange bis zum dunklen Braun. Irgendwann gehen einem die Superlative aus. Man muss den Grand Canyon gesehen, man muss ihn erlebt haben.

Viel Spaß im einzigartigen Grand Canyon Nationalpark!
Ihr
Wolfgang Förster

Die US National-parks

Auf dem Hoheitsgebiet der Vereinigten Staaten von Amerika gibt es aktuell 59 staatliche Nationalparks. Sie werden von einer, dem US-Innenministerium unterstellten Behörde, dem National Park Service (NPS) betreut und verwaltet.

Ursprünglich stand der Natur-schutzgedanke nicht im Vordergrund. Statt dessen sollten die Parks als Vergnügungsstätte zum Nutzen und zur Freude der Bevölkerung dienen. So steht es in der Gründungsurkunde des Yellowstone NP von 1872 wie folgt beschrieben: „As a public park or pleasuring ground for the benefit and enjoyment of the people". Erst Jahre später setzte sich dann auch der Gedanke an den Naturschutz und an die Bildung der Bevölkerung durch. Heute hat die Natur, die Flora und Fauna, absolute Priorität. Zur Information und Aufklärung der Besucher wurden attraktive Visitor Center, teilweise mit Museumscharakter, installiert.

Den NPS gibt es seit 1916. Mit einem aktuellen Jahresbudget von rund 3 Milliarden Dollar (2009) verwaltet diese Institution nicht nur die Nationalparks, sondern insgesamt 408 Einheiten im US Bundesbesitz mit kultureller, historischer oder landschaftlich herausragender Bedeutung (dazu gehören unter anderem auch die Freiheitsstatue in New York und das Mount Rushmore National Memorial in South Dakota). Dieser enorme Aufwand ist jedoch nur

Seit 1952 ist der „Arrowhead" das Logo des NPS und der National-parks. Der Sequoia-Baum und der weiße Bison stehen für Fauna und Flora der Schutzgebiete, die Bergkuppe und der See für die Landschaften. Die Pfeilspitzen-Form des Logos symbolisiert die Historie und die Archäologie.

möglich, weil die ca.16.000 festangestellten NPS-Mitarbeiter von rund 2,5 Millionen ehrenamtlichen Helfern (Volunteers) tatkräftig unterstützt werden. Da der jährlich Haushalt nur selten an die aktuellen Gegebenheiten angepasst wurde, muss derzeit in allen Bereichen massiv gespart werden.

Die Nationalparks verteilen sich über die komplette USA und bieten daher eine entsprechende Vielfalt. Vom Unterwasserpark in Florida bis zum ewigen Eis in Alaska, von der Mohave-Wüste bis zu den Sümpfen der Everglades - das Spektrum der Nationalparks deckt so ziemlich alles ab, was Mutter Natur zu bieten hat.

Ein großes Problem der Nationalparks ist ihre Attraktivität bzw. der Massentourismus. Die Besucherzahlen der beliebtesten Parks sind gigantisch. So werden im Great  Smoky Mountains NP jährlich über 9 Millionen Besucher gezählt. Jahr für Jahr fahren rund 5 Millionen Touristen zum Grand Canyon NP. Und das enge Haupttal des Yosemite Nationalparks in Kalifornien wollten im Jahre 2014 fast 4 Millionen Menschen besuchen. Hier ist die Situation besonders prekär: Am 4. Juli (Nationalfeiertag) oder an verschiedenen Wochenenden in den Sommerferien mussten die Zufahrtsstraßen schon mehrfach wegen starkem Besucherandrang geschlossen werden. Im Zion NP in Utah hat man bereits die Konsequezen gezogen. Der fast 10 km lange Zion Canyon Scenic Drive ist von März bis Oktober für den öffentlichen Straßenverkehr gesperrt. Statt dessen bringen kostenlose Shuttle-Busse die Besucher zu den touristischen Attraktionen und Wanderwegen entlang des Virgin Rivers.

Für jeden, der mehrere Nationalparks besuchen möchte, lohnt sich der Erwerb des Nationalpark Passes (Annual Pass). Das scheckkartengroße Dokument kann in allen NPS Visitor Centern oder an den Parkeingängen, aber auch schon vorab online erworben werden. Er kostet derzeit 80 $, ist vom Kauftag

an für ein ganzes Jahr gültig und garantiert seinem Besitzer sowie drei Mitfahrern im PKW/Wohnmobil freien Eintritt in fast allen Parks und Einrichtungen des
- NPS National Park Service
  (www.nps.gov)
- USDA Forest Service
  (www.fs.fed.us)
- USFWS Fish & Wildlife Service
  (www.fws.gov)
- BLM Bureau of Land Management
  (www.blm.gov)
- Bureau of Reclamation
  (www.usbr.gov)
Für Kinder ist der Eintritt frei.

Im Internet kann der Annual Pass unter *www.store.usgs.gov/pass/index.html* bestellt werden. Die Gültigkeitsdauer beginnt jedoch immer mit dem Ausstellungsdatum.

Info:
National Park Foundation
1101 17th St NW
Washington, DC 20036
Tel. 202-785-4500

Ein erster Überblick
Gigantisch!

Es gibt wohl keinen Touristen, der nicht bei seinem ersten Besuch an der Grand Canyon Kante von der unglaublichen Größe und dem grandiosen Farbenspiel beeindruckt ist. Die Ausmaße der etwa 450 km lange Schlucht, die der Colorado-River über Jahrmillionen in die Gesteinsschichten des Colorado-Plateaus gegraben hat, sind wahrhaft gigantisch. Rund 350 km des mächtigen Canyons, der an der Oberkante zwischen 6 und 30 km breit und bis zu 1.800 Meter tief ist, liegen innerhalb der Nationalparkgrenzen.

Für Geologen und interessierte Touristen präsentiert sich der Grand Canyon als offenes Buch. Seine, von der Erosion geschaffenen Seitenwände gewähren einen der vollständigsten Einblicke in die zahlreichen Erdschichten, die sich vor vielen Millionen von Jahren gebildet haben. Wissenschaftler zählten bis zu 40 verschiedene Gesteinsschichten, darunter terrestrische und Ablagerungen marinen Ursprungs, aber auch Dünensedimente, Lava und Aschen.

Zum Ende des 19. Jahrhunderts wurde der Grand Canyon für den Tourismus erschlossen. Ab 1901 konnte man ihn mit der Eisenbahn erreichen - ein Boom begann. Seit dem 26. Februar 1919 gibt es den Grand Canyon Nationalpark, der nach seiner letzten Erweiterung 1975 etwa 4.900 km² groß ist. Zum UNESCO Weltnaturerbe gehört der Grand Canyon seit 1979.

Den Nationalpark kann man in drei Bereiche einteilen, die South Rim, die North Rim und das nur wenig erschlossene, riesige Innere der Schlucht, den Inner Canyon. Der Unterschied zwischen South Rim und North Rim ist gewaltig. Der nördliche Teil liegt bis zu 300 Meter höher, daraus resultiert ein völlig anderes Klima. Wegen des star-

ken Schneefalls sind die Einrichtungen an der North Rim von Mitte Oktober bis Mitte Mai geschlossen. Im Süden ist Schnee eher selten. Speziell in der Hochsaison ist die South Rim oft überlaufen. An den Einfahrten bilden sich lange Schlangen, freie Parkplätze sind nur schwer zu finden und an den Aussichtspunkten herrscht reges Gewusel. Dagegen geht es an der North Rim deutlich beschaulicher zu. Gemeinsam haben beide Bereiche ein Problem mit der Anzahl der Unterkünfte. Hotels und Campingplätze innerhalb des Nationalparks sind oft ausgebucht. Daher ist es ratsam, frühzeitig zu reservieren.

Die riesige Schlucht im Norden Arizonas zählt zu den bekanntesten Naturwundern der Erde und wird Jahr für Jahr von Millionen Menschen besucht. Damit zählt der Grand Canyon zu den beliebtesten Reisezielen in Nordamerika. Im Rekordjahr 2016 verzeichnete der Nationalpark sogar mehr als 6 Millionen Gäste. Diese verteilen sich im Verhältnis von etwa neun zu eins auf South und North Rim.

Egal, ob man sein einsames Inneres erwandert oder „nur" an den beiden Kanten spazieren geht und die Aussicht bewundert, ob man einen Rundflug, eine Bootstour auf dem Colorado

Abfallproblem

Rund 20 % des Abfalls im Grand Canyon Nationalpark sind Einweg-Plastikflaschen. Um den Plastikabfall in den Parks, den Müll auf den Wegen und auch die Treibhausgasemissionen zu reduzieren, hatte der NPS beschlossen, den Verkauf von Trinkwasser in Einwegbehältern in 23 Nationalparks zu verbieten.
Die neue US Regierung hat diese Regelung rückgängig gemacht. Vorher hatte die International Bottled Water Association nach Präsident Trumps Amtseinführung immerhin 80.000 Dollar in Lobbymaßnahmen gegen das Einwegflaschenverbot investiert. Und der stellvertretende Innenminister David Bernhardt, der auch für die Nationalparks zuständig ist, hat laut der Zeitschrift Guardian erst kürzlich Nestlé, den Konzern mit dem größten Marktanteil bei abgefülltem Trinkwasser, juristisch vertreten. Noch Fragen?

oder einen Maultier-Ausritt unternimmt, alles in allem präsentiert sich der Grand Canyon Nationalpark als ein sehenswertes Urlaubsziel. Zu jeder Jahreszeit, sogar zu den unterschiedlichen Tageszeiten, zeigt sich die monumentale Schlucht in einer anderen, aber immer eindrucksvollen Schönheit.

Eintrittspreise
Grand Canyon National Park

Private Kfz inkl. Insass.	$30,00
Motorrad	$25,00
Fußgänger, Radfahrer	$15,00

Die Tickets gelten für North und South Rim und sind sieben Tage gültig.

Grand Canyon National Park
PO Box 129
86023 Grand Canyon
Tel. 928-638-7888
www.nps.gov/grca/

Grand Canyon in Zahlen

1 Meile (1600 Meter) ist der Grand Canyon tief

4 Gebäude im Park sind National Historic Landmarks

7 Campgrounds (davon 3 im Backcountry) gibt es im Park

16 km beträgt die kürzeste Entfernung zwischen North- und South Rim

25 Meter tief ist die tiefste Stelle des Colorado Rivers im Nationalpark

28° ist die durchschnittlich Höchsttemperatur bei der Phantom Ranch

37 km lang ist die Trans-Canyon Wasserpipeline lang

90 % der Grand Canyon Reisenden besuchen die South Rim

91 Säugetier-Arten bevölkern den Grand Canyon Nationalpark

373 Vogelarten leben im Bereich des Nationalparks

408 km Straßen führen durch den Nationalpark

446 km lang ist der Colorado River im Nationalpark

451 NPS Mitarbeiter sind im und am Grand Canyon beschäftigt

567 km lang ist das Netz der Wanderwege im Park

1232 Gebäude stehen im Nationalpark

1.750 verschiedene Pflanzenarten wurden im Grand Canyon gezählt

2.100 Meter über NN liegt die South Rim

2.400 Meter über NN liegt die North Rim

4.950 qkm beträgt die Fläche des Grand Canyon Nationalparks

31.800 neue Junior Ranger wurden 2016 vereidigt

98.013 Backcountry Übernachtungen gab es 2016

119.897 kommerzielle Flüge wurden 2015 über dem GC durchgeführt

176.050 Reisende beförderte Grand Canyon Railway 2016

6 Millionen Menschen besuchten den Nationalpark im Rekordjahr 2016

4,17 Billionen oder 4.170.000.000.000 Kubikmeter beträgt das Volumen des Grand Canyon

Anreise

Bis zu 6 Millionen Besucher reisen Jahr für Jahr zum Grand Canyon National-park. Der Großteil der Touristen hat die South Rim zum Ziel und die meisten reisen mit dem eigenen Fahrzeug an.

Anfahrt South Rim

Von Westen kommend verlässt man in Williams die Interstate I-40 und fährt über den Highway AZ 64 nach Norden bis Tusayan bzw. zum südlichen Park-eingang. Kommt man aus östlicher Richtung über die I-40, kann man be-reits in Flagstaff auf den US Highway 180 wechseln und in Valle über den AZ 64 zum Südeingang fahren. Eine Alter-native wäre die Anfahrt über Flagstaff bzw. Page und den US Highway 89 bis Cameron. Von hier aus führt der AZ 64 direkt zum östlichen Parkeingang.

Ein besonderes Erlebnis ist die Anfahrt mit der Grand Canyon Railway von Williams aus (siehe Seite 30).

Anfahrt North Rim

Die nur von Mitte Mai bis Oktober (je nach Wetterlage) erreichbare North Rim liegt 346 Straßenkilometer oder rund 5 Autostunden von der South Rim entfernt. Von Page oder Kanab aus fährt man über den US Highway 89A bis nach Jacob Lake und von dort über den AZ 67 nach Süden bis zum nördli-chen Parkeingang.

Flughäfen

Die nächstgelegenen internationalen Flughäfen sind Phoenix (ca. 360 km) und Las Vegas (ca. 435 km jeweils bis zur South Rim). Regionalflughäfen mit eingeschränktem Service sind in Tu-sayan, Valle und Flagstaff.

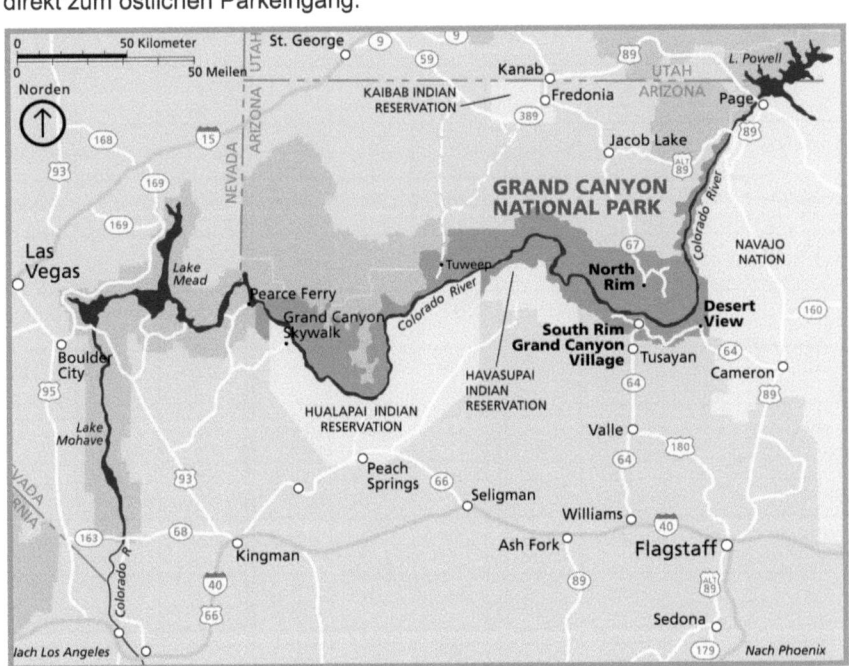

Das Wetter im Park
Je nach dem...

Die gewaltigen Höhenunterschiede im Grand Canyon sind der Grund für insgesamt sechs Vegetationszonen und unterschiedlichste klimatische Verhältnisse. So sind die Niederschläge an der North Rim erheblich stärker als an der gegenüberliegenden Canyonkante. 700 mm/Jahr im Norden stehen nur 380 mm/Jahr an der South Rim gegenüber. Am Nordrand fallen im Winter bis zu 5 Meter Schnee, an der South Rim ist Schnee eher selten.

In den Monaten November bis März können auch an der South Rim die Temperaturen in den nagativen Bereich fallen. Auf über 20 Grad steigt die Durchschnittstemperatur von Mai bis September - mit 29 Grad ist der Juli der wärmste Monat, der Januar mit -8 Grad der kälteste.

Aufgrund der Höhenlage und der geringen Luftfeuchtigkeit können starke Temperaturschwankungen zwischen Tag und Nacht auftreten. Eine wärmende Jacke sollte daher immer griffbereit sein. Wanderer sollten beachten, dass in den Sommermonaten die Temperaturen im inneren Canyon erheblich

	South Rim			Innerer Canyon			North Rim		
	Temperatur		Niederschläge	Temperatur		Niederschläge	Temperatur		Niederschläge
	max. C	min. C	mm	max. C	min. C	mm	max. C	min. C	mm
Jan.	5°	-8°	33,6	13°	2°	17,3	3°	-9°	80,5
Feb.	7°	-6°	39,3	17°	-6°	19,1	4°	-8°	81,8
März	10°	-4°	35,1	22°	9°	20,1	7°	-6°	67,3
April	15°	0°	23,6	28°	13°	11,9	12°	-2°	43,9
Mai	21°	4°	16,8	33°	17°	9,1	17°	1°	29,7
Juni	27°	8°	10,7	38°	22°	7,6	23°	4°	21,8
Juli	29°	12°	46,0	41°	26°	21,3	25°	8°	49,0
Aug.	28°	12°	57,2	39°	24°	35,6	24°	7°	72,4
Sep.	24°	8°	39,6	36°	21°	24,6	21°	4°	50,5
Okt.	18°	2°	27,9	29°	14°	16,5	15°	-1°	35,1
Nov.	11°	-3°	23,9	20°	8°	10,9	8°	-4°	37,6
Dez.	6°	-7°	41,7	14°	2°	22,1	4°	-7°	71,9

höher sind, als an den Rändern der Schlucht. Während an der Rim noch erträgliches Sommerwetter herrscht, können die Temperaturen im Inneren der Schlucht auf weit über 40 Grad ansteigen. Für unvorbereitete Wanderer kann die Hitze in Verbindung mit der Anstrengung gefährlich werden und sogar zum Tode führen.

Eine weitere Gefahr geht von den mehr oder weniger starken Monsungewittern aus, die sich während der Sommermonate fast täglich in den Nachmittagsstunden über dem Canyon bilden. Das Risiko, vom Blitz getroffen zu werden, ist im Bereich der Canyon-Kante besonders hoch. Schutz bieten lediglich Gebäude oder Fahrzeuge wie z.B. die Shuttle-Busse. Allerdings dürfen die Busse nur an den gekennzeichneten Haltestellen Fahrgäste aufnehmen und auch bei Gewitter niemanden am Straßenrand „aufsammeln".

Wasser „Tankstellen"

Um den Plastikabfall durch Einwegflaschen zu minimieren hat der NPS „Water Bottle Filling Stations" eingerichtet, an denen Besucher ihre Wasserflaschen kostenlos mit frischem Wasser auffüllen können.

An der South Rim:
- Hermits Rest
- Bright Angel Trailhead
- South Kaibab Trailhead
- Canyon Village Marketplace
- Desert View Marketplace
- Yavapai Geologie Museum
- Grand Canyon Visitor Center
- Verkamp's Visitor Center
- Desert View Visitor Center
- Maswik Lodge (in der Cafeteria).

An der North Rim:
- North Kaibab Trailhead
- North Rim Visitor Center
- North Rim Backcountry Office

In den Sommermonaten, der „Monsunzeit", kann es über dem Grand Canyon immer wieder zu kurzen, aber heftigen Gewittern kommen.

Erdgeschichte
Die Geburt eines Canyons

Erdgeschichtlich gesehen ist der Grand Canyon noch sehr jung. Er bildete sich erst in letzten 5–6 Millionen Jahren. Die Gesteinsschichten, die man an den Canyonwänden sehr gut erkennen kann, sind bedeutend älter. So wurde die obere Deckschicht aus Kaibab Kalkstein in der Grand Canyon-Region vor etwa 260 Millionen Jahren abgelagert. Die ältesten freiliegenden Gesteine, tief unten am Canyonboden, sind Gneis und Schiefer. Sie sind bis zu 1,7 Milliarden Jahre alt.

Das heutige Colorado Plateau entstand vor etwa 65 - 70 Millionen Jahren. Durch den Druck, der damals beim Zusammenstoß tektonischer Platten entstand, hob sich das Gelände um 1.500 bis zu 3.000 Meter an. Der Vorläufer des Colorado Rivers suchte sich quer durch das entstandenen Plateau ein neues Bett. Das war die Geburtsstunde des Grand Canyon. Auf Grund der mächtigen Kraft des strömenden Wassers, unterstützt durch die weichen oberen Gesteinsschichten (Kalk- und Sandstein) des Plateaus, grub sich der Fluß immer tiefer in das Gestein ein - ein Canyon entstand.

Die Eiszeiten und die damit verbundene Erhöhung der Niederschlagsmengen erhöhten die Erosion durch den Colorado. Immer tiefer fräste sich der Fluß in die Gesteinsschichten. Selbst Vulkanausbrüche während des Quartärs (vor rund 725.000 Jahren), deren erkaltete Lavaflüsse den Colorado River aufstauten und bis zu 600 Meter tiefe Seen bildeten, konnten den Erosionsprozess nur vorübergehend stoppen - irgendwann

An den Wänden des Canyons wie hier bei den Zoroaster und Brama Tempeln, kann man die einzelnen Gesteinsschichten deutlich lokalisieren.

durchbrach die Kraft des Wassers die natürliche Staumauer und löste verheerende Überschwemmungen und weitere Erosion aus.

Im Laufe der Zeit hat sich der Colorado auf einer Länge von nahezu 450 km bis zu 1.800 Meter tief in das Gestein eingegraben. Der Nordrand des Canyons liegt auf durchschnittlich 2.400 m ü.NN, der südliche Rand rund 300 Meter tiefer. Der Colorado River fließt durchschnittlich auf einem Niveau von 750 Meter ü.NN. An der Kante hat der Canyon eine Breite zwischen 6 und 30 Kilometern.

Dass die Erosion heute nur noch minimal fortschreitet, liegt zum Einen daran, dass die nun erreichte Gesteinsschicht sehr hart ist, zum Anderen, dass dem Fluss durch den Glen Canyon Staudamm ein Großteil seiner Urkraft genommen wurde. Der Grand Canyon in seiner heutigen Form wird uns also noch einige Zeit erhalten bleiben.

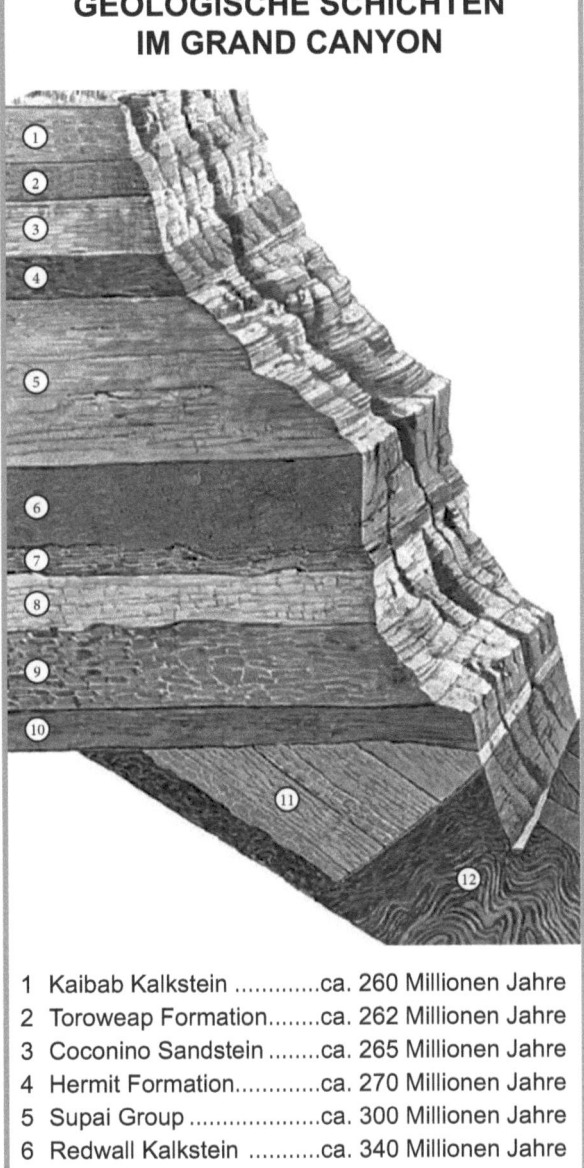

GEOLOGISCHE SCHICHTEN IM GRAND CANYON

1 Kaibab Kalkstein ....ca. 260 Millionen Jahre
2 Toroweap Formation........ca. 262 Millionen Jahre
3 Coconino Sandstein ....ca. 265 Millionen Jahre
4 Hermit Formation............ca. 270 Millionen Jahre
5 Supai Group ....ca. 300 Millionen Jahre
6 Redwall Kalkstein ....ca. 340 Millionen Jahre
7 Temple Butte-Formation..ca. 370 Millionen Jahre
8 Muav Kalkstein...............ca. 500 Millionen Jahre
9 Bright Angel Schiefer.......ca. 510 Millionen Jahre
10 Tapeats Sandstein ....ca. 520 Millionen Jahre
11 GC Supergroup ....ca. 1,2 Milliarden Jahre
12 Vishnu Basement............ca. 1,7 Milliarden Jahre

Menschen im Canyon
Lebendige Geschichte

Rund 1000 Jahre vor der heutigen Zeitrechnung lebten bereits Menschen im Bereich des heutigen Grand Canyon National Parks. Indianer der "Desert Culture" gingen hier mit Speerspitzen aus Stein auf die Jagd.

Vor etwa 2.000 Jahren siedelten erste Anasazi in dem Gebiet. Sie lebten in Lehmhütten und nutzten für ihren Hausbau auch die Wände des Canyon. Auf Grund der vielen Felszeichnungen, die sie hinterliessen, konnte man feststellen, dass sie schon Landwirtschaft betrieben. Wie auch in anderen Gebieten verschwanden die Anasazi aus bis heute unbekannten Gründen plötzlich aus dem Bereich des Grand Canyon. Nach den Anasazi durchstreiften Nomaden, Apachen und Navajo den nördlichen Teil des Grand Canyon. Im Süden liessen sich u.a. Yuma, Zuni und Hopi nieder. Noch heute leben außerhalb der Nationalparkgrenzen Native People in der Schlucht, wie z.B. die Havasupai in ihrem abgelegen Reservat im Havasu Canyon.

Der erste Europäer am Grand Canyon war García López de Cárdenas aus Spanien, der auf der Suche nach den sagenumwobenen sieben Städten von Cibola die Schlucht im September 1540 als Anführer einer Gruppe spanischer Soldaten erreichte. Einige Soldaten stiegen in die Schlucht hinab, mussten aber wegen Wassermangel vor dem Erreichen des Colorado Rivers umkehren.

In den folgenden Jahren blieb die als wertlos eingeschätzte Schlucht unerforscht und von Weißen unbesiedelt. Erst Mitte des neunzehnten Jahrhunderts schickte der Mormonenführer Brigham Young erste Siedler in das weitläufige Gebiet. Sie sollten das Gelände kartografieren und eine möglichst einfache Route durch die Schlucht finden. Nachdem die Mormonen zu den hier ansässigen Indianern Kontakt auf-

Mit solch einfachen Booten erforschte John Wesley Powell mit seinem Team den gefährlichen Colorado River im Grand Canyon.

genommen hatten, richteten sie die für die Erschliessung des Gebietes wichtigen Flußquerungen Lee's Ferry und Pierce Ferry ein.

Im gleichen Jahrhundert machte sich John Wesley Powell auf, um den Colorado River zu erforschen. Am 24. Mai 1869 startete Powell, der im Bürgerkrieg seinen rechten Unterarm verlor, mit einer Crew von neun Mann und vier Holzbooten in Green River (Wyoming). Mehr als drei Monate benötigte die Expedition für die fast 1.500 km lange, gefährliche Flußstrecke durch den Grand Canyon bis zur Einmündung des Virgin River in den Colorado. Bereits zwei Jahre später wiederholte John Wesley Powell die Expedition. Diesmal war er 18 Monate unterwegs, kartografierte die Region, berichtete über wissenschaftliche Erkenntnisse und erstellte erste fotografische Aufnahmen im Inneren des Grand Canyon.

Schon kurze Zeit später, in den 1880er Jahren, wurde der Grand Canyon auch touristisch erschlossen. Ab 1901 transportierte die neu eröffnete Grand Canyon Railway immer mehr Besucher an den Rand der berühmten Schlucht.

Der Naturliebhaber Theodore Roosevelt, der den Grand Canyon bereits mehrfach besucht hatte, erklärte in seiner Eigenschaft als 26. Präsident der Vereinigten Staaten, den Grand Canyon am 11. Januar 1908 zum National Monument. Seit dem 26. Februar 1919 ist der Grand Canyon offiziell ein Nationalpark und entsprechend unter Schutz gestellt. Nach der letzten großen Erweiterung im Jahr 1975 ist der Grand Ca-

John Wesley Powell

Geboren am 24. März 1834, erforschte Powell schon in jungen Jahren das noch unbekannte Hinterland der sich ausbreitenden Vereinigten Staaten. Die beiden erfolgreichen Colorado Expeditionen brachten ihm Anerkennung und auch eine gewisse Berühmtheit. Von 1881 bis 1894 leitete er das geologische Bundesamt (United Staates Geological Survey). Darüber hinaus war er Direktor des Bundesamtes für Völkerkunde (Bureau of Ethnology). 1887 wurde Powell in die American Academy of Arts and Sciences aufgenommen. Ein Jahr später gehörte er zu den Gründungsmitgliedern der National Geograpic Society. Der über die Grenzen der USA hinaus anerkannte Pionier, Forscher und Schriftsteller verstarb am 23. September 1902 in Haven/Maine.

nyon Nationalpark heute ca. 4900 km² groß. Eine weitere Aufwertung erhielt der Park 1979, als er in Liste des UNESCO-Weltnaturerbes aufgenommen wurde.

Erster realer Kontakt
Die Visitor Center

● **Grand Canyon Visitor Center**

Erster Anlaufpunkt für jeden Besucher der South Rim sollte das moderne Grand Canyon Visitor Center sein. Auf den vier großen Parkplätzen findet man fast immer einen Stellplatz, jedoch kann es in Spitzenzeiten auch sehr eng werden. Neben den üblichen Informationen können hier weitere Fakten über den Canyon und seine Entstehung abgerufen werden. Mit diesem Thema beschäftigt sich auch der 20-minütige Film, der jede halbe Stunde im Visitor Center gezeigt wird. „A Journey of Wonder" nimmt den Zuschauer mit in die Geheimnisse der großen Schlucht und erklärt ihre lange Geschichte. Am Visitor Center halten die Busse der Village Route (blau), der Kaibab/Rim Route (orange) und der Tusayan Route (violett). Vom nahegelegenen Mather Point gewinnt man einen ersten Überblick über die riesigen Ausmaße der Schlucht und kann hervorragend sowohl den Sonnenaufgang als auch den Sonnenuntergang bewundern und fotograferen. Toiletten und Trinkwasser.
Öffnungszeiten: 08:00 - 17:00 Uhr
Tel. 928-638-7888

Angeschlossen ist das „Bright Angel Bicycles & Cafe at Mather Point". Hier bekommt man einen guten Kaffee oder auch einen kleinen Snack und kann Fahrräder mieten (siehe Seite 62).
Tel. 928-638-3055

● **Backcountry Information Center**

Das Information Center am südlichen Rand des Grand Canyon Village, unmittelbar neben der Maswik Lodge, ist Treffpunkt für alle, die im Innern der großen Schlucht wandern oder auch über-

Modern, informativ und großzügig präsentiert sich das neue Visitor Center an der South Rim.

Im typischen Nationalpark-Style: Das kleine aber feine Visitor Center an der North Rim.

nachten wollen. Die entsprechenden Informationen, Wanderkarten und Permits gibt es hier. Toiletten und Trinkwasser.
Öffnungszeiten: von 08:00 bis 12:00 Uhr und von 13:00 bis 17:00 Uhr
Tel. 928-638-7875

● **Verkamp's Visitor Center** (s.S. 44)
Das historische Gebäude östlich des Hopi House/El Tovar Hotel stammt aus dem Jahre 1906. Aktuell gibt es hier Informationen durch die Park Ranger, Souvenirs und Bücher sowie eine grandiose Aussicht auf den Grand Canyon. Toiletten und Trinkwasser.
Geöffnet von 08:00 bis 19:00 Uhr.
Tel. 928-638-7146

● **North Rim Visitor Center**
Das Visitor Center an der Nordseite ist kleiner als das gegenüberliegende, aber die Mitarbeiter sind nicht minder motiviert. Auch hier erhält man Infos

über das Wetter, die verschiedenen Rangerprogramm und die Wanderwege. Eine kleine Ausstellung und ein Souvenirshop der Grand Canyon Association ist angeschlossen. Toiletten und Trinkwasser.
Geöffnet von 08:00 bis 16:00 Uhr.

Weitere Info-Zentren/Souvenirshops befinden sich im:
● **Yavapai Geology Museum** (s.S. 36)
Geöffnet von 08:00 bis 19:00 Uhr

● **Kolb Studio** (siehe auch Seite 42)
Geöffnet von 08:00 bis 19:00 Uhr

● **Desert View Watchtower** (s.S. 37)
Öffnungszeiten:
Kiva Shop von 09:00 bis 17:00 Uhr
Wachtower von 09:00 bis 16:30 Uhr

● **Tusayan Ruin Museum** (s.S. 37)
Öffnungszeiten: 09:00 bis 17:00 Uhr

Wildtiere im Grand Canyon Nationalpark
Wo laufen sie denn?

Über 90 Säugetierarten sind im Grand Canyon Nationalpark beheimatet. Damit hat der Park eine größere Vielfalt an Säugetierarten als der Yellowstone. Vom größten Landtier in Nordamerika bis zu einer der größten Fledermausarten in den Vereinigten Staaten ist der Grand Canyon die Heimat einer viel größeren Säugetierpopulation als viele denken. Die meisten Besucher des Parks sehen Maultierhirsche, Elks und Eichhörnchen, aber viele der Säugetiere des Grand Canyon sind nachtaktiv und leben hier fast unbemerkt. Dazu gesellen sich noch annähernd 370 Vogelarten, darunter der seltene und fast schon ausgestorbene Kalifornische Kondor.

Die beste Zeit für die Tierbeobachtung sind die frühen Morgen- oder auch die Abendstunden, wenn die Tiere auf Nahrungssuche sind und ihre schützende Umgebung verlassen. Ein gutes Fernglas oder ein Teleobjektiv mit langer Brennweite für die Fotografie sind dabei eine große Hilfe. Auf jeden Fall sollten die Sicherheitsvorgaben der Park Ranger beachtet werden. Dabei geht es nicht nur darum, den notwendigen Lebensraum der Tiere zu respektieren, sondern auch um den Schutz der Touristen. Insbesondere Muttertiere mit Jungen sind unberechenbar und greifen Menschen unvermittelt an, um ihren Nachwuchs zu verteidigen. Informationen dazu geben die Ranger in allen Visitor Centern des Nationalparks.

Die possierlichen Streifenhörnchen sind fast überall im Park präsent. Aber bitte nicht füttern - man tut ihnen damit keinen Gefallen.

● **Chipmunks (Streifenhörnchen)**

Die possierlichen Chipmunks sind an beiden Rims des Grand Canyons allgegenwärtig. Immer auf der Suche nach verwertbarem Futter betteln sie bei den Touristen und sind auch blitzschnell wieder verschwunden. Sie sind tagaktiv und fressen Nüsse, Samen, Früchte und Insekten. Obwohl sie gut klettern können, findet man sie meist in Bodennähe, dort wo die versteckten Eingänge zu ihren mehr als 3,5 Meter langen Tunnelhöhlen sind.

● **Squirrels**

Die niedlichen Squirrels, eine Eichhörnchenart, sind die am häufigsten gesehen Säugetiere im Grand Canyon Nationalpark. Während die Wälder an der South Rim die Heimat der Aberthörnchen (Sciurus aberti) sind, leben an der North Rim die Kaibabhörnchen (Sciurus aberti kaibabensis), die früher als eigenständige Art klassifiziert wurden. Letztere erkennt man an dem sowohl an der Ober- als auch an der Unterseite sehr hellen Schwanz. Die Aberthörnchen besitzen einen eher stahlgrauen Schwanz. An ihren Ohren wachsen, besonders im Winter, auffällig große Haarbüschel, weshalb die Tiere auch Quastenohrhörnchen genannt werden.

● **Fledermäuse**

Der Grand Canyon Nationalpark scheint ein Paradies für Fledermäuse zu sein. Insgesamt 22 Arten von Fledermäusen finden hier ihren optimalen Lebensraum. Viele der Fledermäuse im Nationalpark fressen Insekten, so die Little Brown Bat (Myotis lucifugus), die in der Lage ist, bis zu 1.200 Moskitos

Der Umgang mit Wildtieren

● **Abstand halten!**

Obwohl viele Tiere harmlos, friedlich und sogar neugierig wirken, kann ihre Stimmung von einer auf die andere Sekunde umschlagen und sie greifen an. Daher sollte man unbedingt zu seiner eigenen, aber auch zur Sicherheit der Tiere, die vorgegebene Sicherheitsabstände einhalten. Die Ranger empfehlen bei Elchen, Hirschen, Dickhornschafen, Bisons und Berglöwen mindestens 30 Meter. Wer einmal einen wütenden Bison oder einen Hirsch während der Brunft erlebt hat, weiß, um was es geht. Übrigens, die meisten Verletzungen bei Parkbesuchern werden durch die „niedlichen" Squirrels verursacht. Sie haben sehr scharfe Zähne und können auch Krankheiten übertragen.

● **Niemals füttern!**

Das Füttern von Wildtieren bietet Gefahren sowohl für den Menschen, als auch für das bedachte Tier. Krankheiten können dabei in beide Richtungen übertragen werden. Für den Menschen sind besonders Tollwut, Beulenpest oder das Hantavirus eine große Gefahr. Auch kann es zu Kratzern, Bissen oder Prellungen kommen. Eine nicht artgerechte Nahrung kann die Tiere langfristig schädigen und sogar zum Tode führen. Oder sie gewöhnen sich an die Fütterung durch unvernüftige Touristen und legen keine Vorräte mehr für den Winter an. Dies kann zum qualvollen Tod durch verhungern führen. **Wild soll wild bleiben.**

in der Stunde zu fressen. Andere ernähren sich von Fischen und wieder andere nehmen den Nektar von früchtetragenden Pflanzen auf und helfen so dabei, die Pflanzen zu bestäuben. Jedoch bedroht eine tödliche Krankheit die Fledermaus-Populationen. Das White-Nose-Syndrom hat Arizona zwar noch nicht erreicht, die Wissenschaftler erwarten jedoch, dass sich die Krankheit, die nach den weißen Pilzbewuchs an den Nasen der erkrankten Tiere benannt wurde, weiter ausbreitet. Noch aber kann man am Grand Canyon in den Abend- und Nachtstunden die einzigen Säugetiere sehen, die wirklich fliegen können.

● **Bighorn Sheep**

Eine der charismatischsten Tierarten im Grand Canyon National Park ist das Wüstenbighornschaf (Ovis canadensis nelsoni). Mit einem Gewicht der männ-

lihen Tiere von bis zu 135 kg ist diese Art das größte einheimische Tier im Park. Bison und Elk sind zwar größer, wurden aber von Menschen hier angesiedelt. Obwohl die Bighornschafe im Allgemeinen im gebirgigen Gelände leben, bietet ihnen die einzigartige Landschaft im Grand Canyon einen hervorragenden Lebensraum, wie es ihn auf der Erde nur noch selten gibt. Die nur schwer erreichbaren Canyons bieten den Tieren abgelegene und sichere Zufluchsorte. Das Wüsten-Dickhornschaf wird von der Regierung der Vereinigten Staaten von Amerika als schützenswerte Population angesehen.

● **Elk**

Mit Elk bezeichnet der Amerikaner nicht das, was wir im deutschspachigen Raum als Elch kennen, sondern einen Rothirsch (Cervus elaphus). Elks sind das größte Mitglied der Rotwildfamilie

Der Lebensraum der Bighorn Sheeps sind die steilen, felsigen Gebiete unterhalb der Rim.

In der Wäldern oberhalb der Rim kann man in den Morgen- und Abendstunden immer wieder Rotwild sehen.

(Cervidae) im Grand Canyon National Park. Sie leben in den Wäldern des Parks und sind oft in den Morgen- und Abendstunden von den Straßen aus zu beobachten. Alle Rocky Mountain Elks (Cervus elaphus nelsoni) im Park stammen von 303 Individuen, die zwischen 1913 und 1928 aus dem Yellowstone National Park in den Staat eingeführt wurden. Elks sind normalerweise nicht aggressiv, gehen aber auf Konfrontationskurs, wenn man ihnen zu nahe kommt. Die Ranger empfehlen daher unbedingt einen Sicherheitsabstand von mindestens 30 Metern einzuhalten.

● **Berglöwen**

Berglöwen sind die größten Raubtiere im Grand Canyon. Es gibt 18 südamerikanische, 25 nordamerikanische und 40 englische Namen für diese Tierart, Die am häufigsten gebräuchlichen Bezeichnungen sind Puma, Cougar, Panther und Catamount. Touristen im Grand Canyon haben keinen Grund, Berglöwen zu fürchten, weil sie Men-schen im Allgemeinen nicht als Beute betrachten. Umgekehrt bedeutet der Mensch für den Berglöwen eine große Gefahr - immer wieder werden Tiere von Autos angefahren. Speziell am East Rim Drive sollte man besonders aufmerksam sein.

● **American Hog-nosed Skunk (Ferkel-Stinktier)**

Der Grand Canyon beherbergt eine der weltweit größten Arten von Stinktieren, das amerikanische Ferkel-Stinktier (Conepatus leuconotus). Eigentlich liegt der Lebensraum dieser besonderen Stinktiere weiter südlich, doch wurden bereits im Jahr 2014 zwei Tiere im Bereich des Colorado gemeldet. Es ist nicht bekannt, ob die Art im Grand Canyon bisher übersehen wurde oder ob sie ihren Lebensraum erweitert hat. Die Sichtungen deuten auf eine Population auf beiden Seiten des Flusses hin. Die Parkbiologen arbeiten nun intensiv an einer Studie über die Verbreitung der Hog-nosed Skunks im Grand Canyon.

● **Mule Deer** (Maultierhirsch)
(Odocoileus hemionus)
Genetisch hat diese Hirschart rein gar nichts mit den Maultieren zu tun. Lediglich die Form und die Größe der Ohren erinnert an die Kreuzung von Pferdestute und Eselshengst. Sie sind wesentlich kleiner und zierlicher als die Elks und bringen es nur auf etwa ein Drittel ihres Gewichts. Maultierhirsche sind im westlichen Nordamerika sehr verbreitet und eines der am häufigsten gesehenen Tiere im Grand Canyon National Park. Sie sind in allen Lebensräumen des Parks zu finden - von den Wäldern der South und North Rim über das Wüstengebiet auf dem Tonto Plateau bis hin zum Uferstreifen entlang des Colorado River.

● **Ringtail**
(Nordamerikanisches Katzenfrett)
Dieses schmale, bis zu 42 cm lange Säugetier (Bassariscus astutus) ist das „Staatssäugetier" (State Mammal) des Bundesstaates Arizona. Markantes Kennzeichen ist der Schwanz, der annähernd so lang wie der Körper ist und durch die Zeichnung von 14 bis 16 schwarz-weißen Ringe auffällt. Im Nationalpark stark vertreten, wird es aber wegen seiner Nachtaktivität nur selten gesichtet. Mit einem moschusartigen Geruch, den die Frettchen ausscheiden, vertreiben sie ihre natürlichen Feinde, Füchse, Kojoten und Rotluchse.

● **Bison**
Die Bisons des Grand Canyon Nationalparks leben ausschließlich auf den

Die mächtigen Bisons sieht man auf den weitläufigen Wiesen rechts und links der Straße zur North Rim.

Wiesen und in den offenen Wäldern der North Rim. Die mächtigen Tiere sind Wiederkäuer und ernähren sich von Gräsern, jungen Trieben und Ästen.

Zur Paarungszeit von Juli bis August schließen sich die ansonsten als Einzelgänger lebenden mächtigen Bullen einer Herde an, die aus bis zu fünfzig Kühen und Kälbern bestehen kann. Dabei kommt es dann zu Machtkämpfen mit anderen Bullen, die sich ebenfalls paaren wollen. Oft ist es reines Imponiergehabe und die Rangordnung ist wieder hergestellt. Aber es kann auch zu erbitterten Auseinandersetzungen kommen, bei denen die Kontrahenten mit ihren Köpfen so lange gegen einander krachen bis einer der beiden nachgibt.

Ein ausgewachsener Bulle wiegt bis zu einer Tonne und ist damit das größte Landsäugetier Amerikas. Kühe sind zierlicher und bringen etwa die Hälfte auf die Waage. Trotz ihrer Größe sind Bisons sehr wendig und schnell. Einmal in Bewegung erreichen sie Geschwindigkeiten von bis zu 50 km/h. Immer wieder unterschätzen Parkbesucher die friedlich grasenden Tiere und unterschreiten den Sicherheitsabstand. Fühlen sich die Bisons dann belästigt oder gar bedroht, können sie aggressiv und zu wahren Kampfmaschinen werden. Selbst in einem geschlossenem PKW ist man dann nicht mehr vor ihnen sicher.

Die Geschichte der Büffel

Geschätzte 25-30 Millionen Bisons bevölkerten noch im 16. Jahrhundert die Prärien Nordamerikas. Ende des 19. Jahrhunderts waren es nur noch wenige Hundert - der amerikanische Bison war vom Aussterben bedroht. Was war passiert?

Mit der Erschließung des amerikanischen Westens durch die Eisenbahn kündigte sich der Untergang der riesigen Buffelherden an, die den indianischen Ureinwohnern über Jahrtausende als Lebensgrundlage dienten. Anfangs gingen die Bahnarbeiter lediglich für die Lebensmittelbeschaffung auf Büffeljagd. Mit der Eröffnung der durchgehenden Eisenbahnverbindung entwickelte sie sich aber zum regelrechten „Volkssport". Ein einziger Reisender konnte an nur einem Tag 50 bis 100 Bisons aus dem fahrenden Zug abschießen - just for Fun. Später dezimierte man die Herden systematisch weiter, auch um die Native Indians zu schädigen. Allein zwischen 1872 und 1874 sollen mehr als eine Million Büffelfelle jährlich in den Osten transportiert worden sein

Erst mit der Gründung der Nationalparks entstanden Schutzgebiete für die Tiere. Inzwischen schätzt man den Gesamtbestand in den USA wieder auf rund 500.000 Tiere. Die meisten werden jedoch kommerziell gezüchtet, da sie für das Leben in der Prärie besser geeignet sind als Rinder.

Die Wiedergeburt des Kalifonischen Kondors

Der Kalifornische Kondor (Gymnogyps californianus) war lange Zeit vom Aussterben bedroht. Seit 1967 steht der mächtige Vogel auf der Liste der gefährdeten Arten. Anfang der achtziger Jahren des vergangenen Jahrhunderts gab es in den USA nur noch 22 Kondore und der U.S. Fish and Wildlife Service beschloss, die letzten noch verbleibenden Exemplare der seltenen Vögel einzufangen und in Gefangenschaft weiter zu züchten. In der freien Wildbahn galt er damit als ausgestorben.

Kalifornische Kondore sind Aasfresser. Mit einer Flügelspannweite von bis zu drei Metern und einem Gewicht von annähernd 15 Kilogramm sind sie die größten Vögel Amerikas. Ihr größter Feind ist der Mensch. Viele Tiere starben durch die Vergiftung mit Pestiziden wie DDT oder auch durch Blei, das als Überbleibsel der Jagdmunition in den Kadavern der geschossenen Tiere in ihren Körper gelang.

Der Los Angeles Zoo und auch der San Diego Wild Animal Park verzeichnete schnell erste Zuchterfolge - 1988 schlüpfte erstmals ein Küken in Gefangenschaft - und so konnten in den neunziger Jahren wieder Kalifornische Kondore in die Freiheit entlassen werden.

Doch die Tiere werden nicht nur einfach freigelassen. Jeder Vogel bekommt eine Kennzeichung und wird etwa alle zwei Jahre wieder eingefangen, um medizinisch untersucht zu werden. Bei rund einem Fünftel der untersuchten Kalifornischen Kondore liegt der Bleigehalt im Blut wieder über den Grenzwerten und sie müssen entsprechend behandelt werden. Dank dieser umfangreichen Schutzmaßnahmen ist die Population wieder auf 450 Tiere angewachsen, 270 davon leben in der Wildnis.

Zwei junge Kalifornische Kondore mit ihrer Kennzeichnung.

South Rim

Grand Canyon Railway
Der Beginn des Massentourismus

Vor dem Bau der Grand Canyon Railway mussten die Touristen von Flagstaff aus eine elfstündige, beschwerliche Fahrt mit der Postkutsche in Kauf nehmen, um das einzigartige Naturdenkmal zu erreichen. Doch die Manager der 1897 gegründeten „Santa Fe and Grand Canyon Railroad Company" hatten nicht nur den Tourismus im Blick, auch für den Güterverkehr sollte die zwischen 1899 und 1901 gebaute Strecke zwischen Williams und dem Grand Canyon Village genutzt werden.

Um die Jahrhundertwende war die Anfahrt zum Grand Canyon noch ein wagemutiges Abenteuer. Es gab keine asphaltierten Zufahrtsstraßen. Mit dem 17. September 1901 begann dann der Massentourismus am Grand Canyon. An diesem Tag nahm die „Atchison, Topeka and Santa Fe Railway" (AT & SF), die das Projekt inzwischen übernommen hatte, den Betrieb auf der 65 Meilen (103 km) langen Strecke zwischen Williams und dem Grand Canyon Village auf.

In den folgenden Jahren expandierten die Besucherzahlen am Grand Canyon und damit auch die Anzahl der Passagiere der Grand Canyon Railway. Der Boom der Eisenbahn setzte sich so lange fort, bis Ende der zwanziger Jahre die Straßen zum Nationalpark besser ausgebaut waren und immer mehr Touristen im eigenen PKW den Grand Canyon anfuhren. Die Zeit des Individualverkehrs hatte begonnen und die Fahrgastzahlen der Grand Canyon Railway waren rückläufig. Während die Popularität des Grand Canyon Nationalparks immer weiter stieg, war es um die Rentabilität der Eisenbahn schlecht bestellt. Am 30. Juni 1968 war es dann soweit: Der (vorläufig) letzte Personenzug verließ Grand Canyon Village in Richtung Williams. 1974 stellte man auch den Güterverkehr ein - die Strecke wurde stillgelegt.

Erst 1989 erwachte die historische Bahnlinie aus dem Dornröschenschlaf. Ein Unternehmerehepaar, Max und Thelma Biegert investierte allein 15 Millionen Dollar in die Renovierung der Strecke, ließ alte Züge wieder instandsetzen und nahm den Zugbetrieb am 17. September 1989, nun als „Grand Canyon Railway", wieder auf. Das neue Konzept schien zu funktionieren. Mit den historischen Zügen und Unterhaltung beförderten sie allein 1993 wieder 105.000 Passagiere - Tendenz steigend.

Heute fahren wieder täglich zwei Züge von Williams zum Grand Canyon. In der Hochsaison kann unter Umständen auch noch ein dritter Zug eingesetzt werden. Die zweieinhalbstündige Fahrt in historischen Waggons wird in sechs Klassen angeboten:

● **The Pullman Car**
Die günstigste Art mit der Eisenbahn zum Grand Canyon zu reisen ist im restaurierten Harriman Coach Car von 1923.
Preis 65$, Kinder 29$

Mit der Fertigstellung der Eisenbahnlinie im Jahre 1901 erreichte der Tourismus am Grand Canyon eine neue Dimension.

● **Coach Class**
Reisen wie in den 50er Jahren in klassischen, klimatisierten Waggons. Snacks und alkoholfreie Getränke werden zum Kauf angeboten.
Preis 79$, Kinder 49$

● **First Class**
Bequeme Sitze mit viel Beinfreiheit und große Panoramafenster prägen die First Class. Der Service bietet frisches Obst, Gebäck, Kaffee und Saft am Morgen an, während Snacks und alkoholfreie Getränke auf den Rückfahrt in den klimatisierten Streamliner Waggons zur Verfügung stehen. Bier, Wein und Mixgetränke können an der Bar gekauft werden.
Preis 152$, Kinder 118$

● **Observation Dome**
Der Observation Dome erlaubt dank großzügiger Verglasung einen hervorragenden Panoramablick auf die vorbeiziehende Landschaft. Der Service bietet frisches Obst, Gebäck, Kaffee und Saft am Morgen an, während Snacks und alkoholfreie Getränke auf den Rückfahrt in den klimatisierten Streamliner Waggons zur Verfügung stehen. Bier, Wein und Mixgetränke können an der Bar gekauft werden.
Preis 181$, Kinder 149$

● **Luxury Dome Class**
Die fünfte Klasse bietet die Kombination aus atemberaubender Aussicht und dem Komfort der Parlor Class. Hier genießt man die Fahrt in einer elegant eingerichteten Lounge mit Bar, Unter-

Die herrliche Aussicht genießen in den großzügig verglasten Waggons der Grand Canyon Railway.

haltungszentrum und eleganten Möbeln. Der exklusive Service bietet frisches Obst, Gebäck, Kaffee und Saft am Morgen. Snacks sind bei der Rückfahrt erhältlich, zusammen mit einem Glas Sekt, das ebenfalls im Ticketpreis enthalten ist. Bier, Wein und Mixgetränke können an der Bar erworben werden.
Preis: 219$, keine Kinder

● **Luxury Parlor Class**
Die exklusivste Art zum Grand Canyon zu reisen. Wie seinerzeit die Eisenbahnbarone mit Eleganz und außergewöhnlichem Komfort im Lounge-Stil. Der exklusive Service bietet frisches Obst, Gebäck, Kaffee und Saft am Morgen. Snacks sind bei der Rückfahrt erhältlich, zusammen mit einem Glas Sekt, das ebenfalls im Ticketpreis enthalten ist. Bier, Wein und Mixgetränke können an der Bar erworben werden.

Der Zugang zur Open-Air-Heckplattform ist bei schönem Wetter möglich.
Preis: 219$, keine Kinder

Für den heutigen Reisenden ist die Fahrt mit der Grand Canyon Railway mehr als die Fahrt von A nach B. Es ist eine Tour in den historischen Wilden Westen. Schon eine halbe Stunde vor der Abfahrt wird auf dem Bahnsteig in Williams ein sehenswertes „Shootout" inszeniert. Während der Fahrt treten in den einzelnen Waggons Country-Musiker auf und sorgen für angemessene Unterhaltung. Zusätzlich soll es immer wieder vorkommen, dass wild aussehende und maskierte Räuber den Zug zur Gaudi der Reisenden „überfallen". Zu Schaden ist dabei noch niemand gekommen, aber es gehört zum Event dazu.

Das Auf und Ab der Grand Canyon Railway

1899 Beginn der Bauarbeiten an der Strecke Williams - Grand Canyon South Rim.

17.09.1901 Die erste Passagierzug fährt von Williams zum Grand Canyon.

1908 In Williams entsteht das historische Fray Marcos Hotel und das Williams Depot.

1910 wurde das heute noch bestehende und in Blockbauweise erstellte Empfangsgebäude im Grand Canyon Village eingeweiht.

26.02.1919 Der Grand Canyon Nationalpark wird gegründet.

1920er Jahre Der Ausbau der Straße zum Grand Canyon erleichtert die PKW Anreise.

1926 Das gesamte Trinkwasser für den Grand Canyon Nationalpark wurde bis zu diesem Jahr von der Bahn transportiert.

1927 Erstmals kommen mehr Touristen mit dem PKW in den Park als mit dem Zug.

1940er Jahre Die ersten Diesel-Loks werden auf der Nationalparkstrecke eingesetzt.

1953 Der letzter Dampfzug fährt die Strecke zum Grand Canyon.

30.06.1989 Der letzte Personenzug fährt mit 3 Passagieren vom Grand Canyon Village nach Williams.

1974 wird auch der Güterverkehr auf der Strecke eingestellt.

10.01.1989 Max und Thelma Biegert geben bekannt, dass sie die Sanierung der Eisenbahnstrecke zum Grand Canyon planen.

17.09.1989 Die Strecke Williams/Grand Canyon wird wieder freigegeben.

1989-90 Zwei Dampflokomotiven von 1906 und 1910 werden aufwendig renoviert.

1993 Die Grand Canyon Railway befördert wieder 105.000 Passagiere im Jahr.

1995 Das heutige Grand Canyon Railway Hotel öffnet seine Pforten.

1996 Die Dampflokomotive Nr. 4960 von 1923 kommt nach der Restauration (80.000 Arbeitsstunden) wieder zum Einsatz.

01.10.1998 Der millionste Passagier der Grand Canyon Railway wird geehrt.

2006 Xanterra Parks & Resort übernimmt die Grand Canyon Railway für einen ungenannten Betrag von Max und Thelma Biegert.

Grand Canyon Top 10
Sehenswertes

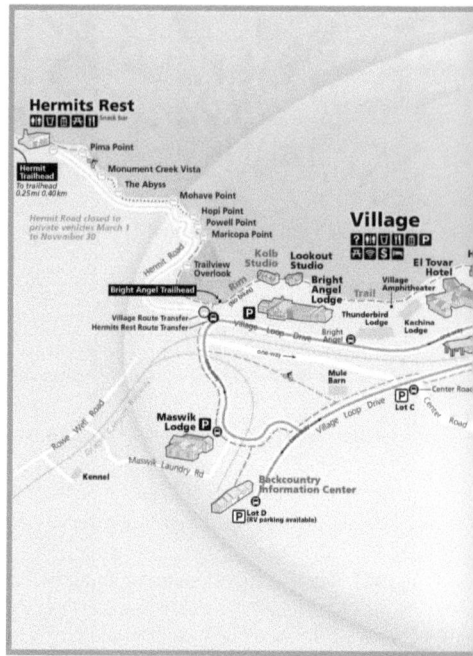

●1 Der Grand Canyon

Das absolute Highlight im Nationalpark ist sicherlich der mächtige Canyon selbst. Egal von welchem der zahlreichen Aussichtspunkte an der North- oder South Rim, egal ob bei Sonnenaufgang, im warmen Licht der untergehenden Sonne oder am helllichten Tag, die fast 450 Kilometer lange Schlucht zieht jeden der bis zu sechs Millionen jährlichen Besucher in ihren Bann.

●2 Hopi House

Das 1904 fertiggestellte Hopi House war das erste von acht Projekten der Architektin Mary Colter auf dem Gelände des Grand Canyon Nationalparks (Hermits Rest, Lookout Studio, Phan- tom Ranch, Desert View Watchtower, Bright Angel Lodge sowie die beiden Mitarbeiter-Wohnheime Colter Hall und

Als Reminiszenz an die Ureinwohner auf dem Gebiet des Nationalparks wurde 1904 das Hopi House erbaut.

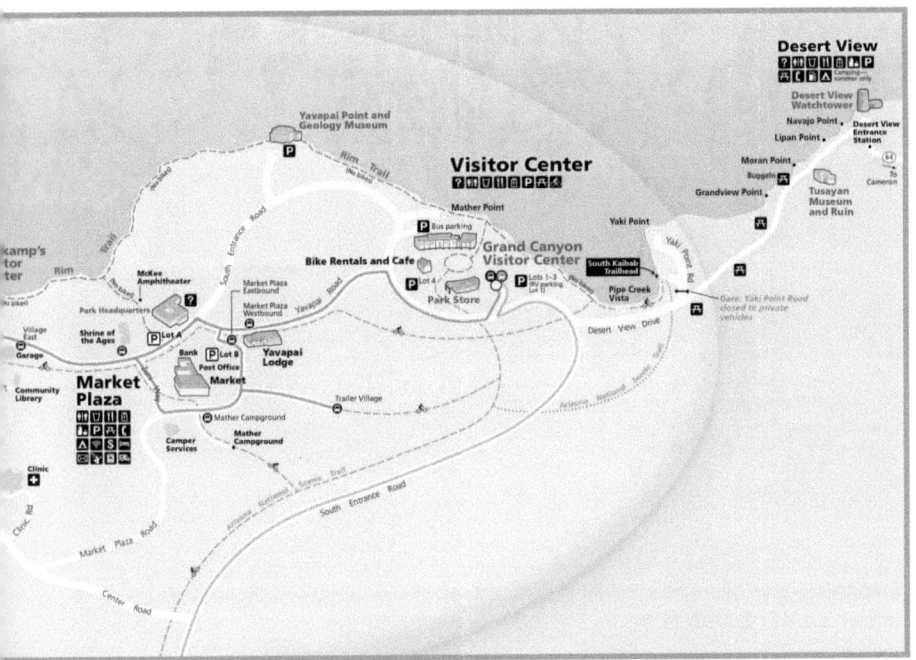

Victor Hall). Ihr Auftraggeber, die Fred Harvey Company, plante in dem Objekt eine Verkaufsstelle für indianisches Kunsthandwerk. Eröffnet wurde das Hopi House am 1. Januar 1905, zwei Wochen bevor in unmittelbarer Nähe das El Tovar Hotel seinem Zweck übergeben wurde.

In Anlehnung an die historischen Bewohner dieser Gegend plante Mary Colter das Gebäude in der From eines traditionellen Hopi-Pueblo. So fällt die stufenförmige, sich nach oben verjüngende typische Struktur als erstes ins Auge. Wie bei den Hopi sind die Fenster eher klein und halten die starke Hitze des Sommers draussen. Die Innenwände der Sandsteinmauern tragen einen Lehmputz, und in den Geschoßdecken wird der Lehm durch Balken, Zweige und Gras verstärkt. Die

alte Treppe in die oberen Stockwerke ist mit Wandmalereien eines unbekannten Hopi-Künstlers geschmückt. Als einziges Zugeständnis an die geplante Nutzung, verzichtet Mary Colter auf den, für die traditionellen Hopi Pueblos typischen Dacheinstieg. Stattdessen verfügt das Hopi House über eine, wenn auch kleine Eingangstür, die den Touristen einen leichten Zugang gewährt. Die meisten der ursprünglichen Möbel in der Hauptebene, die von Colter ausgesucht wurden, sind erhalten geblieben.

Mary Colter schuf mit dem Hopi House eine Art lebendiges Museum, in dem Hopi-Indianer leben und ihr traditionelles Kunsthandwerk herstellen und verkaufen konnten. Eine Vielzahl von Innenräumen bietet Raum für Ausstellungen, Verkauf und Demonstration.

Infostätte der besonderen Art: Das Yavapai Geology Museum steht unmittelbar an der South Rim.

●3 Yavapai Geology Museum

Seit 1928 steht das Gebäude des Museums direkt an der südlichen Kante des Canyons. Den Standort wählte der Architekt Herbert C. Maier zusammen mit einem Team von Geologen, um den Touristen den Aufbau und die Entwicklungsgeschichte des Grand Canyon eindrucksvoll zu präsentieren.

Maier bemühte sich, das Yavapai Point Trailside Museum (wie es in den ersten Jahren hieß), der Umgebung anzupassen und verwendete für den Bau vornehmlich einheimischen Kaibab-Kalkstein und Ponderosa-Kiefern.

Nach der im Mai 2007 abgeschlossenen Renovierung bekam die Einrichtung auch einen neuen Namen. Das Yavapai Geology Museum, nur rund eine Meile (1,6 km) östlich der Market Plaza, will den Parkbesuchern die komplizierte geologische Geschichte und den Aufbau des Grand Canyons darstellen und verständlich machen. Eine Buchhandlung bietet eine Vielzahl von Veröffentlichungen über die Region.

Zu den Ausstellungsstücken gehören dreidimensionale Modelle, eindrucksvolle Fotografien und interaktive Panels, mit denen den Parkbesucher die komplizierte geologische Geschichte des Canyons erkennen und verstehen können. Die aktuellen Exponate des Museums erklären die Ablagerung der verschiedenen Gesteinsschichten, die Anhebung des Colorado Plateaus und die Ausformung des Grand Canyon im Laufe der Jahrtausende bis zu seinem heutigen Zustand. Ein großes topographisches Reliefmodell im vorderen Raum der Yavapai-Beobachtungsstation zeigt den Grand Canyon in bemerkenswerter Detailtreue. Besucher erhalten hier einen ersten Überblick über die Struktur und die Größe des mächtigen Canyons.

● 4 Tusayan Ruinen

Die Tusayan Ruinen sind ein 800 Jahre alter indianischer Pueblo-Standort innerhalb des Grand Canyon National Park und werden vom National Park Service (NPS) als eine der wichtigsten archäologischen Stätten in Arizona betrachtet. Sie befindet sich am Desert View Drive (Arizona State Route 64), etwa drei Meilen westlich des Watch Towers. Die

Anlage ist seit 1974 im National Register of Historic Places aufgeführt.

Der ehemailge Ansiedlung bestand aus einem kleinen, u-förmigen Pueblo mit einem Wohnbereich, Lagerräumen und einer Kiva. Die wissenschaftliche Auswertung der Jahresringe im verbauten Holz zeigt, dass die Stätte ab ca. 1185 n.Chr. für etwa zwanzig Jahre bewohnt war.

Mitglieder der Gila Pueblo Archaeological Foundation aus Globe (AZ) legten die Überreste der Siedlung um 1930 frei. Konservierungsarbeiten fanden 1948 und 1965 statt. Das Tusayan Museum wurde 1928 nach einem Entwurf des National Park Service Architekten Herbert Maier gebaut und von Laura Spelman Rockefeller als "Museum für Wanderwege" gesponsert. Es wurde 1934 im Stil eines Hopi-Gebäudes erweitert.

Der rund 200 Meter lange Rundweg ist im Sommer von 09:00 bis 17:00 Uhr geöffnet.

Die Tusayan Ruinen geben einen informativen Einblick in die Vergangenheit.

● 5 Desert View Watchtower

Ein weiteres, von der Architektin Mary Colter entworfenes Gebäude ist der 21 Meter hohe Desert View Watchtower, der etwas mehr als 20 Meilen (32 km) östlich des Grand Canyon Village steht. Das 1932 fertiggestellte, viergeschossige Gebäude war das letzte der von Mary Colter geplanten Projekte, bevor sie 1935 die Pläne für die Bright Angel Lodge entwarf.

Die Architektin hatte genaue Vorstellungen. Der Entwurf des Turms sollte an einen Wachturm der Pueblo-Völker erinnern, ähnlich wie sie - aber deutlich kleiner - im Hovenweep National Monument vorgefunden wurden. Mary Colter verbrachte allein sechs Monate damit, archäologische Prototypen und Bautechniken zu erforschen, bevor sie ein Modell des Geländes erstellte und eine Miniatur des Turms darin aufstellte. Bevor das endgültige Design fertigge-

Der Ausblick vom Desert View Watchtower in die Weiten des Canyons hinein ist atemberaubend. Im Innern des Turms sieht man Zeichnungen der Ureinwohner (siehe unten).

stellt wurde, ließ Colter eine 70 Fuß hohe Plattform bauen, um die Aussicht von dem vorgeschlagenen Standort aus zu beurteilen.

Der kreisrund gemauerte Turm verfügt über winzige, unregelmäßig angeordnete Fensteröffnungen. Der Hauptraum, auch Kivaraum genannt, besitzt einen großen offenen Kamin. Das ge-

samte Innere schmücken Wandmalereien von Fred Kabotie. Die übrigen, im Petroglyph-Stil gehaltenen Dekorationen stammen von Fred Greer und sind vermutlich die einzigen Kopien von heute zerstörten Petroglyphen in Abo (New Mexico). Die untere Etage des Turms beherbergt heute einen Souvenirladen, während das obere Stockwerk als Aussichtsplattform dient, von der aus Besucher den östlichen Teil des Grand Canyon Nationalparks betrachten können.

In den letzten Jahren wurden die ursprünglichen Wandgemälde im Turm restauriert und auch der Kivasaal wieder so hergestellt, wie er 1932 von Mary Colter geplant war. Der Turm fungiert als Begegnungszentrum, in dem Vertreter der Nayajo und Hopi ihre Kultur den Besuchern präsentieren.

●6 El Tovar Hotel

Das 1905 eröffnete El Tovar Hotel wurde vom Chicagoer Architekten Charles Whittlesey für die Atchison, Topeka und Santa Fe Railway entworfen. Es liegt nur knapp 100 Meter vom Grand Canyon Depot entfernt, dem nördlichen Endhaltepunkt der Grand Canyon Railway, die früher zur Santa Fe Railway gehörte. Erst drei Jahre nach der Eröffnung des Hotels, also 1908 erhielt der Grand Canyon den Status eines National Monuments. Und 1919 deklarietete ihn der Kongress zum Nationalpark.

Zu Beginn der Planungen, 1902 dachte man auf Seiten der Santa Fe Railway noch an ein kleineres Hotel, änderte aber seine Meinung angesichts der schnell wachsenden Besucherzahlen. Der Architekt plante das Hotel als eine

Übernachten im historischen Ambiente des El Tovar Hotels.

Art Symbiose zwischen einem Schweizer Chalet und einer norwegischen Villa. Dies geschah in dem Bestreben, den Geschmack der Menschen jener Epoche anzusprechen, die damals die europäische Kultur als den Inbegriff der gepflegten Lebensart betrachteten. Das El Tovar gehörte zu

Vor dem offenen Kamin in der Lobby des historischen El Tovar Hotels lässt es sich hervorragend relaxen.

einer Kette von Hotels und Restaurants, die von der Fred Harvey Company in Verbindung mit der Santa Fe Railway betrieben wurden.

Der Komplex wurde aus lokalem Kalkstein und Oregon-Kiefern gebaut. Sein Bau verschlang seinerzeit rund 250.000 Dollar und viele sahen das El Tovar als das eleganteste Hotel westlich des Mississippi River, da es für die damalige Zeit ein hohes Maß an Komfort und Luxus bot.

Bei seiner Eröffnung verfügte das Hotel über 103 Gästezimmer und 21 Bäder. Heute sind es 78 Gästezimmer, alle mit eigenem Bad. Eine groß angelegte Renovierung wurde im Jahr 1983 abgeschlossen. Damals wurden u.a. die noch originalen Holzflügelfenster durch dunkelbraune, eloxierte Aluminiumelemente ersetzt.

Das Hotelgebäude besteht einem zweistöckigen Mittelteil, einem dreistöckigen Nordflügel und einem vierstöckigen Südflügel. Der Mittelteil ist 218 Fuß (66 m) lang und in etwa parallel zum Canyonrand angelegt. Die sehenswerte Lobby, hinter einer breiten Eingangsveranda, erstreckt sich auf vier Stockwerke und ist einen Besuch wert, auch wenn man nicht im El Tovar logiert.

Das Hotel wurde am 6. September 1974 in das National Register of Historic Places aufgenommen und am 28. Mai 1987 zur National Historic Landmark erklärt. In der Vergangenheit beherbergte das El Tovar Hotel viele Berühmtheiten wie zum Beispiel die Präsidenten Theodore Roosevelt und Bill Clinton, Albert Einstein, Sir Paul McCartney sowie den Autor von zahlreichen Wildwestromanen, Zane Grey.

●7 Lookout Studio

1914 von der Santa Fe Railway gebaut, diente das „Lookout" anfangs als Fotostudio, das mit dem Kolb Studio konkurrieren sollte. Um das Gebäude an die Umgebung unmittelbar an der Canyonkante anzupassen, verwendete die Architektin Mary Colter für die Außenwände ausschließlich nur grob behauene Natursteine. Dies und die unregelmäßigen Abschlüsse des Bruchsteingebäudes, lassen es auf den ersten Blick als eine Ruine erscheinen. Der Aussichtsturm ist auf drei Ebenen angelegt. Auf der Hauptebene befinden sich ein Souvenierladen, ein geschlossener Aussichtsbereich sowie die untere Aussichtsplattform.

●8 Hermits Rest

Hermits Rest ist der westlichste Punkt am Südrand des Canyons, der über eine asphaltierte Straße erreichbar ist. Es diente als Rastplatz für Touristen auf dem Weg zum inzwischen nicht mehr vorhandenen Hermit Camp. Der Ort wurde nach Louis Boucher, einem in Kanada geborenen Prospector, benannt. Boucher kam etwa 1889 an den Grand Canyon und suchte hier nach Kupfer. Zu diesem Zweck legte er Pfade und Wege in den Canyon an und lebte bis etwa 1912 allein in der Nähe von Dripping Springs.

Heute ist Hermits Rest die westliche Endstation des Rim Trails. Bis hierhin fahren in den Sommermonaten die Busse des NPS. Der Hermit Trail, ein Wanderweg, der sich bis zum Colorado River erstreckt, beginnt etwa ¼ Meile hinter der Haltestelle des Shuttlebusses bei Hermits Rest.

Das ebenfalls von Mary Colter geplante Gebäude steht nur ein paar Meter vom Rand des Grand Canyon entfernt, teilweise in einem Erdhügel eingegraben. Verschiedene sichtbaren Teile des Gebäudes sind so gestaltet, dass sie wie eine natürliche Felsformation aussehen, abgesehen vom markanten Schornstein. Der Komplex wird durch einen Pfad erreicht, der an einem Steinbogen vorbeiführt. An diesem hängt eine zerbrochene historische Glocke, die Colter aus einer spanischen Mission in New Mexico gerettet hat. Ein kleiner Vorbau, der von geschälten Holzpfählen getragen wird, schützt die Aussichtsveranda, die über

Touristen nutzen Hermits Rest gerne für eine Pause.

den Canyonrand hinausragt. Das niedrige Vordach erstreckt sich in den Innenraum, der sich zu einem Raum mit doppelter Höhe öffnet. Gegenüber dem Eingang beherbergt die Südwand eine halbkreisförmige Nische mit einem großen offenen Kamin. An der Westseite des Gebäudes findet der hungrige Wanderer eine Imbissstube.

Der mächtige offene Kamin dominiert den Hauptraum in Hermits Rest.

Die historische Inneneinrichtung wählte Mary Colter selbst aus. Sie ist heute noch weitestgehend erhalten. Der Gesamteindruck, den Colters Design vermittelt, ist eher rustikal. Colter, die von AT & SF-Managern wegen des dunklen und altertümlich aussehenden Interieurs kritisiert wurde, erwiderte: "Sie können sich nicht vorstellen, was es kostet, es so alt aussehen zu lassen."

Am 28. Mai 1987 wurde Hermits Rest in die Liste der National Historic Landmarks aufgenommen.

●9 Kolb Studio

Das Kolb Studio ist ein historisches Gebäude unmittelbar an der South Rim des Grand Canyon. Bis 1976 nutzten die Brüder Ellsworth und Emery Kolb den Komplex sowohl als Fotostudio, als auch als Wohnhaus. In dem Jahrhundert seines bisherigen Bestehens er-

lebte das Haus zwei große Erweiterungen und unzählige kleinere Umbauten.

1901 besuchte Ellsworth Kolb erstmals die South Rim des Grand Canyon - mit der neu erbauten Eisenbahn. Trotz der Unterbringung in einfachen Zelten, war er derart begeistert und euphorisch, dass er seinen jüngeren Bruder überredete, nachzukommen. Emery Kolb erreichte Williams im Oktober 1902, nur mit seiner Kamera, einer Gitarre und den Kleidern, die er an hatte. Während er auf den Zug zum Grand Canyon wartete, flanierte er durch den kleinen Ort, fand ein Fotogeschäft, welches zu Verkauf stand und erwarb es für ganze 425 Dollar.

Schon ein Jahr später verlegten die Brüder ihr Geschäft in der Nähe des Trailheads zum Bright Angel Trail. Anfangs stand hier nur ein kleines Zelt, später bauten sie ein Holzhaus, das sie Kolb Studio nannten.

In den nächsten Jahren machten sich Ellsworth und Emery sowohl als Fotografen, aber auch als Abenteurer einen Namen. Sie führten Touristen in den Canyon, machten Fotos der Besucher und auch von weniger bekannten Gebieten des Canyons.

Doch die Gebrüder Kolb hatten auch Neider. So war der Fred Harvey Company der Erfolg der beiden Fotografen ein Dorn im Auge. Die Ära der Company am Grand Canyon hatte 1905 mit der Fertigstellung des El Tovar Hotels begonnen. Sie war nicht nur im Westen berühmt für ihr gutes Essen, den eleganten Service und die "Harvey Girls" Kellnerinnen. Neben dem Hotel baute die Fred Harvey Company ihr Angebot an touristishen Dienstleistungen immer weiter aus und hatte fast ein Monopol am Grand Canyon. Lediglich die Familien Kolb und Verkamp waren noch eine Konkurrenz.

Es kam, wie es kommen musste - man legte sich gegenseitig Steine in den Weg und boykottierte und blockierte die vermeintliche Konkurrenz. Der langjährige Streit beeinflusste auch das Verhältnis der Brüder Kolb untereinander und man vereinbarte, die gemeinsame

Arbeit zu beenden. Sie warfen eine Münze mit dem Ergebnis, dass Emery danach alleiniger Besitzer des Kolb Studios war und Ellsworth nach Los Angeles zog.

Der Streit mit der Fred Harvey Company aber ging weiter und 1914 errichtete das Unternehmen das Lookout

Die Kolb-Brüder fanden den perfekten Platz für ihr Studio direkt an der South Rim.

Studio, um Emery Kolb Konkurrenz zu machen. Der stetig wachsende Tourismus am Grand Canyon aber sorgte dafür, dass beide Ateliers meist gut ausgelastet waren.

Der Konflikt zwischen den beiden Parteien hielt noch über Jahrzehnte an, bis Emery 1962 einen neuen, dreijährigen Konzessionsvertrag vorgelegt bekam, der die Klausel enthielt, dass das Kolb Studio nach seinem Tod vom National Park Service übernommen werden würde. Der NPS wollte das Atelier abreißen, weil seine Architektur nicht dem

Stil der anderen Nationalparkgebäude entsprach. Emery weigerte sich, den Vertrag zu unterzeichnen. Der Konflikt setzte sich fort, bis der US-Kongress den Historic Sites Act verabschiedete, welcher besagte, dass in Nationalparks Gebäude, die älter als 50 Jahre sind, nicht abgerissen werden dürfen.

Mit dem Wissen, dass sein Studio der Nachwelt erhalten bleiben würde, begann Emery Kolb sein Hab und Gut zu verschenken. Der NPS wollte nun aus dem Kolb Studio ein Museum machen und hoffte, dass der Fotograf seine umfangreichen Unterlagen und die unzähligen Fotos für diesen Zweck spenden würde. Emery aber vermachte sein Lebenswerk der University of Northern Arizona in Flagstaff. Er starb im Dezember 1976 im Alter von 96 Jahren und ist auf dem Grand Canyon Pioneer Cemetery begraben.

Heute beinhaltet das Kolb Studio eine sehenswerte Ausstellung über das abenteuerliche Leben und Schaffen der Kolb Brüder mit zahlreichen historischen Exponaten und Fotografien – ein Highlight für jeden Fotofreund. Außerdem unterhält die Grand Canyon Association hier ein Info Center und einen Buchladen.

●10 Verkamp's Visitor Center

Bereits im Jahre 1898 fuhr John George Verkamp erstmal an die South Rim des Grand Canyons, errichtete hier einen Laden in einem einfachen Zelt, um den noch spärlich anreisenden Touristen Souveniers zu verkaufen. Am Ende des Sommers war er mit den Umsätzen nicht zufrieden, verkaufte sein Inventar an einen der Hoteliers und kehrte zurück nach Flagstaff. Nach der Fertigstellung der Bahnlinie zum Grand Canyon im Jahre 1901 und dem damit verbundenen Boom, nutzte Verkamp seine zweite Chance, baute das noch heute bestehende Gebäude im „modified Mission Style" (d.h., es sieht aus wie ein Adobe-Bau, aber es wurde kein Lehm verwendet) am Südrand des Grand Canyons und eröffnete im Januar 1906 sein Andenkengeschäft. Der erste Eintrag im Hauptbuch lautete: „31. Januar 1906, 4,98 $. Ein guter Tag".

In den folgenden Jahrzehnten entwickelte sich das Unternehmen. Die Verkamps verkauften indianisches Kunsthandwerk und engagierten sich für die Entwicklung der Region. Bis 1978 wohnten Mitglieder der Famlie Verkamp noch im Obergeschoß des Hauses. Dann kaufte der National Park Service das Gebäude, renovierte es und eröffnete es im November 2008 als Besucherzentrum.

Heute ist in dem Gebäude östlich des Hopi Hauses ein Info-Schalter des NPS, ein Museumsshop mit Buchhandlung und eine Ausstellung mit Exponaten der Pioniergeschichte und der Grand Canyon Communinity untergebracht. Sie zeigt wie es war, hier am Rande eines der sieben Weltwunder der Natur zu leben und zu arbeiten. Das Gebäude ist für den Publikumsverkehr täglich von 08:00 bis 19:00 Uhr geöffnet.

●Außer Konkurrenz: Der Skywalk

Ob der Skywalk ein Highlight oder nur Touristennepp ist, muss jeder für sich selbst entscheiden.

Der Skywalk ist eine hufeisenförmige Glasplattform, die es den Besuchern ermöglicht, über den Rand des Grand Canyons hinaus zu gehen. Nach vierjähriger Bauzeit konnten im März 2007 die ersten Besucher die neue Touristenattraktion betreten. Bis zu 22 Meter kann man seitdem auf dem „Balkon" in den Canyon hinein gehen. Fotografieren und Filmen ist trotz des hohen Eintrittpreises verboten - Kameras und auch Handys müssen abgegeben werden. Allerdings gibt es vor Ort einen Fotografen, der Fotos macht - gegen Bezahlung natürlich.

Der Skywalk befindet sich außerhalb der Nationalparkgrenzen und liegt auf dem Gebiet der Hualapai Indianer Reservation. Seit 2014 kann er relativ einfach über die nun asphaltierte US-93 erreicht werden. Der Eintritt beträgt derzeit $29,95 zuzüglich Steuern. Aber das ist noch nicht alles. Für den Zugang ins Indianergebiet sind nochmals $43 pro Person zu berappen (Hualapai Visitation Permit) und dann kommen noch $20 Parkgebühren hinzu. Ob es das wert ist?

Aussichtspunkte an der South Rim

Creek, über den Bright Angel Trail, die tiefe Schlucht des Pipe Creek und nach Osten bis nach Cedar Ridge.

Östlich des Village

Die Aussichtspunkte sind mit dem eigenen Fahrzeug über den Desert View Drive und teilweise auch mit den orangen Shuttle Bussen erreichbar.

● Yavapai Point

Yavapai Point garantiert eine hervorragende Aussicht, aber nur eine begrenzte Anzahl an Parkplätzen. Das Visitor Center, die Yavapai Observation Station, bietet Informationen über die Geologie und Geschichte des Grand Canyon, Trinkwasser und Toiletten. Yavapai hat das vielleicht beste Panorama der drei Viewpoints an diesem Teil der South Rim, da er der Nördlichste und dem Colorado River am nächsten ist, was einen ungehinderten Blick in die Schlucht ermöglicht.

● Mather Point

Die meisten Besucher des South Rim blicken zuerst vom Mather Point auf den Grand Canyon, da der Aussichtspunkt nur einen kurzen Spaziergang vom Grand Canyon Visitor Center entfernt liegt. Den spektakulärsten Ausblick hat man von zwei schmalen, mit Geländern versehenen Aussichtspunkten, die auf vorspringenden Felsen angelegt sind. Das imposante Panorama reicht vom unteren Ende des Garden

● Pipe Creek Vista

Dieser Aussichtspunkt liegt am Pipe Creek, dem großen Canyon-Einschnitt zwischen dem Kaibab Trail und dem Bright Angel Trail. Er ist zu Fuß, mit dem Auto über den Desert View Drive oder mit dem Kaibab Trail Shuttle (orange Linie) erreichbar.

● Yaki Point

Yaki Point ist ein ruhiger Ort, um den spektakulären Sonnenuntergang oder Sonnenaufgang über dem Grand Canyon zu genießen, da er der einzige Aussichtspunkt auf Desert View Drive ist, der nicht mit einem privaten Fahrzeug angefahren werden kann. Der kostenlosen Kaibab/Rim Route Shuttlebus (Orange) hält hier.

● Grandview Point

Dieser beliebte Aussichtspunkt bietet einen Panoramablick auf den Grand Canyon von Osten nach Westen, einschließlich einiger Biegungen des Colorado River im Osten.

Touristen am Mather Point.

● **Moran Punkt**

Der Viewpoint ist besonders beliebt bei Malern und Fotografen, zeigt sich hier doch die vielfältige Geologie des Grand Canyons in einem faszinierenden Spiel von Licht und Schatten.

● **Lipan Point**

Von hier aus sieht man tief unten die Hance Rapid Stromschnellen des Colorado River. Zusätzlich ist Lipan Point eine der wenigen Stellen an der South Rim, von der die einzigartige Gesteinsschicht der Grand Canyon Supergroup deutlich sichtbar ist.

Gute Aussicht vom Watchtower in den Grand Canyon hinein.

● **Navajo-Punkt**

Nur ein paar Minuten westlich vom Desert View Watchtower bietet dieser Aussichtspunkt eine großartige Aussicht auf den Wachturm sowie einen Panoramablick auf den Westen und einen Blick auf den Colorado River. Navajo Point ist mit 2.275 Metern der höchste Aussichtspunkt am South Rim - es sei denn, man steht auf der obersten Aussichtsplattform des Wachturms. Die Spitze des Turms ist etwas höher.

● **Desert View**

Vorbei an historischen Gebäuden führt ein Fußweg vom Parkplatz bis zum Watchtower am Canyonrand. Von hier aus genießt man einen atemberaubenden Blick in die Schlucht. Man sieht den Colorado River, der hier eine große Biegung nach Westen macht. Zu den Services gehören der Grand Canyon Association Store im Watchtower, die

Desert View Trading Post, der General Store, eine Tankstelle, Toiletten und ein saisonaler Campingplatz (geöffnet von Mitte April bis Mitte Oktober).

An der Hermit Road

Die Aussichtspunkte entlang der Hermit Road sind nur zu Fuß, mit dem Fahrrad oder dem Shuttle Bus (rote Linie) erreichbar.

● **Trailview Overlook**

Dieser Aussichtspunkt bietet einen guten Ausblick auf den Bright Angel Trail, der tief in die Schlucht hinein führt, sowie auf das historische Viertel des Grand Canyon Village mit dem El Torvar Hotel.

● **Maricopa Point**

In westlicher Richtung blickt man hinab auf die ehemalige Orphan Mine, in der ab 1893 Kupfererz und in den 1950er

Grandios! Der Ausblick vom Pima Point.

Jahren Uran abgebaut wurde. Wegen der noch vorhandenen Strahlung ist das Minengelände gesperrt.

● **Powell Point**
Das Powell Memorial an diesem Aussichtspunkt erinnert an die Expeditionen von Major John Wesley Powell und seinem Team auf dem Colorado River von 1869 und 1871-72. Der Ausblick in den Canyon ist großartig.

● **Hopi Point**
Hopi Point ist einer der beliebtesten Aussichtspunkte, um den Sonnenuntergang und Sonnenaufgang zu beobachten. Tief im Westen ist der Colorado River sichtbar.

● **Mohave Point**
Ein weiterer spektakulärer Punkt, um sowohl den Sonnenuntergang als auch den Sonnenaufgang zu beobachten.

● **The Abyss**
Dieser Aussichtspunkt bietet einen fast vertikalen Blick hinunter in den Canyon auf den Monument Creek. Mit ein wenig Glück und guten Augen kann man Wanderer am Creek oder an den Granite Rapids des Colorado River sehen.

● **Monument Creek Vista**
An diesem Aussichtspunkt beginnt der asphaltierte Greenway Trail, auf dem Wanderer, Radfahrer und auch Besucher mit Rollstühlen Platz finden, und führt von hier bis Hermit's Rest.

● **Pima Point**
Pima Point ist einer der besten Plätze am Rand, um den Fluss zu sehen und manchmal zu hören. Das Getöse der Granite Rapids wird an ruhigen Tagen von den Wänden des Canyons reflektiert.

● **Hermits Rest**
Die Architektin Mary Colter konzipierte 1914 Hermits Rest mit einem großen offenen Kamin und der überdachten Veranda. Heute ist Hermits Rest ein Souvenirladen mit einer kleinen Snackbar. Toiletten sind hier verfügbar. Der Hermit Trail, der sich steil in den Canyon schlängelt, beginnt etwa 300 Meter westlich von Hermits Rest.

Buslinien im Grand Canyon
Öffentlicher Nahverkehr

Um den immer stärker werdenden Individualverkehr im Bereich der South Rim einzudämmen, hat die Parkverwaltung ein übersichtliches und für die Besucher kostenloses Bussystem eingerichtet. Drei Buslinien decken den Verkehr im Park ab. Während die Blaue Linie im Zentrum (Village) unterwegs ist, fahren die rot gekennzeichneten Busse die Aussichtspunkte im westlichen Teil, die Busse der orangen Linie den östlichen Teil der South Rim ab. Eine zusätzliche violette Linie bringt Besucher von Tusayan zum Grand Canyon Visitor Center. Die Busse werden umweltfreundlich mit Erdgas betrieben.

In der Stunde vor und nach Sonnenuntergang verkehren die Busse jeweils jede halbe Stunde, während der restlichen Tageszeit alle 10 bis 15 Minuten. Die aktuellen Fahrpläne können können im Internet unter
www.go.nps.gov/gc_shuttle
eingesehen werden.

Die Busse nutzen auf Hinweg (gepunkteter Pfeil) und Rückweg (gestrichelteter Pfeil) unterschiedliche Routen.

● **Village Shuttle Bus (Blaue Route)**
(Ganzjährig)
Diese Route verbindet das Grand Canyon Visitor Center, die Hotels, Restaurants und Campingplätze im Bereich der South Rim. Verschiedene Aussichtspunkte am Canyonrand sind nur wenige Gehminuten von den jeweiligen Haltestellen entfernt.

Erreichbar sind außerdem:
- El Tovar Hotel
- Hopi House
- Train Depot
- Village Amphitheater
- Verkamps Visitor Center
- Bright Angel und Maswik Lodge
- Look out Studio
- Kolb Studio
- Bright Angel Trailhead
- Backcountry Info Center
- und die Campingplätze Mother Campground und Trailer Village.

Haltestellen BLAU		
GC Visitor Center	▼	
Market Plaza Westbound	⋮	
Shrine of the Ages	⋮	
Train Depot	⋮	
Bright Angel Lodge	⋮	
Transfer Hermans Rest	▼	▼
Maswik Lodge		┃
Backcountry Info Center		┃
Center Road		┃
Village East		┃
Shrine of the Ages		┃
Mother Campground		┃
Trailer Village		┃
Market Plaza Eastbound		┃
GC Visitor Center		▼

Abgasarmes Erdgas treibt die Busse im Grand Canyon Nationalpark an.

● **Kaibab Rim Route (Orange)**
(Ganzjährig)
Fünf Aussichtspunkte, darunter das Yavapai Geology Museum, welches die geologische Entwicklung des Grand Canyon aufzeichnet, fahren die orange gekennzeichneten Busse an. Die Kaibab Rim Route bietet ausgezeichnete Möglichkeiten zum Wandern und Radfahren über die Rim- und Greenway-Wanderwege. Jeder Bus hat die Möglichkeit zwei bis drei Fahrräder zu transportieren.

Der am östlichen Ende der Route gelegene Yaki Point ist ein ausgezeichneter Ort, um den Sonnenaufgang und Sonnenuntergang zu sehen.

Highlights an der Route:
- Mother Point
- Yavapai Point u. Geology Museum
- South Kaibab Trailhead
- Yaki Point
- Pipe Creek Vista

Haltestellen ORANGE		
GC Visitor Center	↓	
Mother Point	⋮	
Yavapai Geology Museum	⋮	
GC Visitor Center	↓	↓
South Kaibab Trailhead		┊
Yaki Point		┊
Pipe Creek Vista		┊
GC Visitor Center		↓

● Hermit Road Route (Rot)

(Nur vom 1. März bis 30. November)
Diese Buslinie verbindet das Grand Canyon Village mit Hermits Rest ganz im Westen der South Rim. An insgesamt neun spektakulären Aussichtpunkten kann ein- und ausgestiegen werden. Jedoch halten die Busse auf der Rückfahrt in östlicher Richtung (Gestrichelte Linie in der Tabelle) nur an drei Haltestellen. Für den Round-Trip benötig der Bus im Normalfall rund 80 Minuten. Die Hermits Rest Route bietet hervorragende Wandermöglichkeiten am Rand der South Rim entlang und Fahrradtouren über die für den privaten Verkehr gesperrte Hermit Road. Von Mohave Point und Pima Point sind oft großartige Sonnenuntergänge zu beobachten.

Am Endpunkt Hermits Rest erwarten die Besucher eine Snackbar, Toiletten und Souvenir-Shop. Auch an der Haltestelle Hopi Point gibt es Toiletten.

Über die Hermit Road Route sind erreichbar:
- Rim Trail
- Greenway Trail
- Trailview Overlook
- Powell Memorial
- Mohave Point
- The Abyss
- Pima Point
- Hermits Rest
- Hermits Trail
- Backcountry Info Center
- und die Campingplätze Mother

Haltestellen ROT		
Transfer Village Route	▮	
Trailview Overlook	⋮	
Maricopa Point	⋮	
Powell Point	⋮	
Hopi Point	⋮	
Mojave Point	⋮	
The Abyss	⋮	
Monument Creek Vista	⋮	
Pima Point	⋮	
Hermits Rest	▼	▮
Pima Point		┃
Mojave Point		┃
Powell Point		┃
Monument Creek Vista		▼

● Tusayan Park & Ride (Violett)

(Nur vom 1. März bis 30. September)
Park-Eintrittskarte erforderlich!
Die Tusayan Route (Purple Route) bietet eine Shuttleverbindung zwischen dem Touristenort Tusayan und dem Park. Nach vier Stopps in Tusayan fährt der Bus direkt zum Grand Canyon Visitor Center. Mit diesem zusätzlichen Service erhofft sich der NPS die langen PKW-Schlangen in der Zufahrt zum Nationalpark zu verringern.

Grundvoraussetzung für die Fahrt ist eine Park-Eintrittskarte. Wer keine Dauerkarte hat, kann in folgenden Einrichtungen in Tusayan ein Ticket für den Nationalpark erwerben:
- im Canyon Plaza Resort
- im National Geographic Besucherzentrum (IMAX Theater)
- in der Red Feather Lodge und
- in R.P.'s Stage Stop

Die Busse fahren regelmäßig im 20-Minuten-Takt. Der Erste startet bereits morgens um 08:00 Uhr am IMAX Theater in Tusayan, der Letzte um 21:05 Uhr. In umgekehrter Richtung fährt der erste Bus um 08:25 Uhr am Grand Canyon Visitor Center ab, der Letzte um 21:30 Uhr.

Die Besucher können überall in Tusayan parken, um dann mit dem Bus einfach, schnell und bequem in den Gand Canyon Nationalpark zu fahren. Das großzügige Park-and-Ride-Areal (abseits des Kreisverkehrs am IMAX-Theater) ist der beste Ort für Tagesbesucher, um Wohnmobile und Anhänger zu parken - da es im Park nur wenige Parkmöglichkeiten für Wohnmobile gibt.

Haltestellen VIOLETT		
GC Visitor Center	▮	
IMAX/R.P's Stage Shop	⋮	
Best Western GC Squire Inn	▼	
Grand Hotel		▮
Big E Steakhouse		▮
GC Visitor Center		▼

● **Hiker's Express Shuttle Bus**
(Ganzjährig)
Der Hiker's Express fährt morgens jeweils zur vollen Stunde von der Bushaltestelle Bright Angel Lodge ab. Den nächsten Stopp legt der Bus am Backcountry Information Center ein. Weiter geht es zum Grand Canyon Visitor Center und dann zur Endhaltestelle, dem South Kaibab Trailhead.

Der Frühaufsteher-Service fährt zu folgenden Zeiten an der Bright Angel Lodge ab:
- im März um 07:00, 08:00, 09:00 Uhr
- im April um 06:00, 07:00, 08:00 Uhr
- im Mai um 05:00, 06:00, 07:00 Uhr
- im Juni, Juli und August um 04:00, 05:00, 06:00 Uhr
- im Sept. um 05:00, 06:00, 07:00 Uhr
- im Okt. um 06:00, 07:00, 08:00 Uhr
- im Nov. um 07:00, 08:00, 09:00 Uhr
- im Dez., Jan. und Feb. um 08:00 und 09:00 Uhr

Wandern im Grand Canyon
So weit
die Füße tragen

Vorsichtsmaßnahmen

Extremes Wetter und rauhes Gelände bedeuten eine Gefahr für jeden Wanderer. Schon das Wandern in einer Gruppe vermindert ein mögliches Risiko enorm. Auch eine gute Vorbereitung hilft, dass ein Wanderausflug erfolgreich beendet werden kann und in guter Erinnerung bleibt. Funktionelles Schuhwerk und entsprechende Bekleidung (Zwiebelprinzip) sind dabei eine wichtige Grundvoraussetzung. Dazu eine Kopfbedeckung als Sonnenschutz und ein bequemer Rucksack für ausreichende Getränke, kleine Snacks und Obst.

Auch das Einholen von Informationen zum Wetter, über den Zustand der Trails und auch über möglich Gefahren, gehört zu einer verantwortungsvollen Vorbereitung. Diesbezüglich sind die Parkranger im Visitor Center die idealen Ansprechpartner.

Immer wieder müssen Wanderer aus Notlagen befreit werden, in die sie aus Erschöpfung und Wasserentzug geraten sind. Die Parkranger empfehlen daher, pro Wanderstunde zwischen einem halben und einem Liter Flüssigkeit zu trinken. Des weiteren sollte man sich nicht übernehmen, langsam gehen, sein persönliches Tempo finden und auch häufige Pausen einlegen, nicht nur, um dem Körper Erholung zu gönnen, sondern auch, um die Natur

entsprechend zu genießen. Das Motto sollte lauten: Verantwortungsbewusst wandern - mit Rücksicht auf die Umgebung und auf sich selbst.

Gesundheitsrisiken

Erschöpfung

Wanderer können durch extremes Schwitzen pro Stunde bis zu 2 Liter Wasser verlieren.
Symptome: Blässe, Übelkeit, kühle und feuchte Haut, Kopfschmerzen und Krämpfe.
Behandlung: Wasser trinken, Schatten aufsuchen und Körper kühlen, Nahrungsmittel mit hohem Kohlenhydratgehalt essen.

Hitzschlag

Lebensbedrohlicher Notfall, bei dem die Wärmeregulierungsfunktionen des Körpers überlastet werden.
Symptome: Gesichtsröte, trockene Haut, flacher und schneller Puls, hohe Körpertemperatur und im Endstadium Bewusstlosigkeit.
Behandlung: Schatten aufsuchen, Körper kühlen, Hilfe holen (lassen)!

Hyponatriämie

Folge einer niedrigen Natriumkonzentration im Blut, die durch Trinken von zu viel Wasser und Salzverlust durch Schwitzen verursacht wird.
Symptome: Übelkeit, Erbrechen, häufiger Harndrang.
Behandlung: Pause einlegen und salzhaltige Snacks essen. Wenn die geistigen Fähigkeiten abnehmen, sofort Hilfe holen lassen.

Unterkühlung

Lebensbedrohlicher Notfall, bei dem

der Körper sich aufgrund von Erschöpfung und kalter Witterung nicht warm halten kann.
Symptome: Zittern, geringe Muskelkontrolle, Herzrasen.
Behandlung: Trockene Kleidung, warme Flüssigkeiten trinken, Körper wärmen und vor Wind, Regen und Kälte schützen.

South Rim Trails
● Rim Trail
Trailhead: Jeweils an den verschiedenen Haltestellen der Shuttle-Busse.
Länge: bis zu 13 Meilen (21 km) entlang der South Rim.
Der Rim Trail verläuft entlang der Schlucht vom South Kaibab Trialhead West bis zu Hermits Rest und ist zum größten Teil asphaltiert. Er ist der perfekte Weg, um den Canyon von oben zu erkunden und kann durch Nutzung der Shuttle-Busse in kleinere Abschnitte mit folgenden Abständen aufgeteilt werden:

South Kaibab Trailhead	Start
Pipe Creek Vista	1,3 km
Mather Point	2,3 km
Yavapai Point	1,1 km
Park Headquarters Jun.	1,1 km
Village Route Transfer	1,9 km
Trailview Overlook	1,1 km
Maricopa Point	1,1 km
Powell Point	0,8 km
Hopi Point	0,5 km
Mohave Point	1,3 km
The Abyss	1,8 km
Monument Creek Vista	1,4 km
Pima Point	2,7 km
Hermits Rest	1,8 km

An den Punkten South Kaibab Trailhead, Yavapai Point und Hermits Rest sind sowohl Toiletten als auch fließendes Wasser zum Auffüllen der Wasserflaschen vorhanden. Weitere Toiletten stehen am Mather Point und am Hopi Point bereit. Bei Gewitter ist die Wanderung entlang der Canyonkante sehr gefährlich (Blitzeinschlag!) und der Busservice teilweise eingeschränkt.

● Bright Angel Trail
Trailhead: westlich der Bright Angel Lodge.
Länge bis Phantom Ranch: 15,4 km
Der Trail war ursprünglich ein Pfad der Havasupai Indianer, der am Ende des neunzehnten Jahrhunderts von Prospektoren weiter ausgebaut wurde. Einer von ihnen, Ralph Cameron, erkannte den touristischen Wert, zahlte seine Kollegen aus und ließ sich von da an von den Besuchern jeweils einen Dollar für die Nutzung des Pfades bezahlen. Erst 1928 übernahm der Nationalpark Service den Bright Angel Trail und baute ihn weiter aus.

Heute präsentiert sich der Trail als gut ausgebauter Wanderweg mit Notfall-Telefonen, Toiletten und Wasserstellen (fließend Wasser nur von Mai bis Oktober). Dieser „Komfort" ist sicherlich auch ein Grund für seine Beliebtheit. Allerdings müssen sich die Hiker den Bright Angel Trail mit den Muli-Karawanen auf dem Weg zur Phantom Ranch oder zurück, teilen. Merksatz: Die Mulis haben immer Vorrecht, die Wanderer gehen zur Seite und weichen zur hangaufwärts gelegenen Seite aus.

Von der Rim aus gesehen, sieht der erste Teil des Weges recht einfach aus: breit ausgebaut, weite Kurven und am

Vormittag meist Schatten. Viele Tagestouristen, oft mit mangelnder Ausrüstung (z.B. in Schlappen, ohne Sonnenschutz und ohne Wasser), unterschätzen dabei vielfach ihre Kondition. Der Rückweg ist bedeutend anstrengender, steil und, wenn die Sonne über den Zenith gestiegen ist, auch schattenlos.

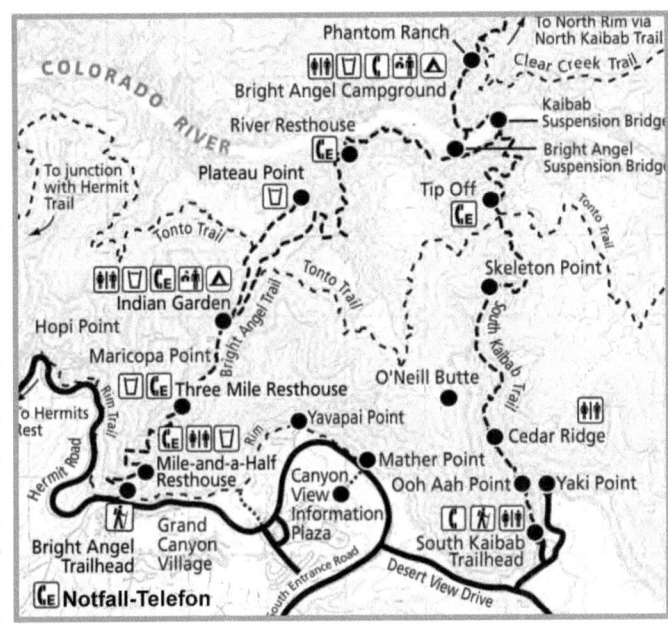

Mit der entsprechenden Fitness und Ausrüstung ist der Weg ein Stück in den Grand Canyon hinein aber unbedingt zu empfehlen. Im oberen Teil, in der Nähe des ersten Tunnels kann man schon erste indianische Petroglyphen entdecken. Man durchwandert nun die verschiedenen Gesteinsformationen, die man rechts und links des Weges deutlich ausmachen kann: Kaibab und Toreweap Formation, dann den Coconino Sandstein und die Hermit Formation. Das 1 1/2 Mile Resthouse bietet

sich für eine erste Pause an. Hier gibt es frisches Wasser und Toiletten. 340 Höhenmeter hat man nun geschafft - aber der Rückeg ist beschwerlich.

Die Schlucht, durch die sich der Trail windet, wird nun enger. Nach etwas mehr als drei Kilometern, im Bereich der Two Mile Corner sieht man in den Felsen oberhalb des Trails erneut Petroglyphen.

Bis zum 3 Mile Resthouse (und zurück) ist eine schöne Tageswanderung für alle, die einen ersten Blick in die innere

Bright Angel Trail

	Entfern.	Höhe	Extras
Bright Angel Trailhead	0	2093 m	
1 1/2 Mile Resthouse	2,4 km	1748 m	⛏ 🚻 ☏
3 Mile Resthouse	4,8 km	1449 m	⛏ 🚻 ☏
Indian Garden	7,4 km	1150 m	⛏ 🚻 ☏ ⛺
River Resthouse	12,4 km	756 m	🚻 ☏
Bright Angel Campground	15,0 km	756 m	⛏ 🚻 ⛺
Phantom Ranch	15,4 km	770 m	⛏ 🚻 ☏

Schlucht werfen wollen. Dafür führt rechts vom Hauptweg ein kurzer Pfad unmittelbar hinter dem Resthouse zu den Überresten einer alten Seilbahn, mit der früher die Vorräte zur Phantom Ranch gebracht wurden. Von hier aus hat man einen guten Ausblick.

Nach dem 3 Mile Resthouse wird der Weg ein wenig steiler. Dafür wird es auf der Strecke ruhiger - viele Tagestouristen haben bereits den Rückweg angetreten. Der Wanderer erreicht nun den Abschnitt „Jacob's Ladder", mit sehr engen Spitzkehren, die hinunter auf die „Tonto Plattform" führen. Rechts und links

In scheinbar nicht enden wollenden Serpentinen „schraubt" sich der Bright Angel Trail in den Grand Canyon hinein.

des Wegs zeigt sich nun verstärkt Vegetation - es wird grüner. Ursache dafür ist der Garden Creek, der hier parallel zum Wanderweg fließt. Nach insgesamt 7,4 km stößt der Wanderer auf eine grüne Oase mit schattenspendenden Pappeln - Indian Garden. Hier findet man eine Ranger Station (die nicht durchgehend besetzt ist!), ein Notruftelefon, Toiletten, Trinkwasser und 16 Zeltplätze mit Tischen und Sonnendächern.

Auf dem weiteren, 8 km langen Weg zur Phantom Ranch gibt es keine Trinkwasserstation mehr. Die Gesteinsformationen am Wegrand sind Anfangs noch Bright Angel Schiefer, später dann Tapeats Sandstein. Hier kann es im Sommer sehr heiß werden. Devils Corkscrew trägt seinen Namen zu Recht - es geht in engen Kehren steil bergab. 5 km nach Indian Garden ist die River Trail Junction und damit das River Resthouse mit Toiletten und Notruftelefon erreicht. Aber auch die ca. 2 km auf dem River Trail bis zur Silver Bridge haben es in sich - es geht noch einige Male steil bergauf. Hat man dann den Colorado auf der Silver Bridge überquert, ist man nun auf dem North Kaibab Trail und es sind nur noch wenige Schritte bis zum Bright Angel Campground bzw. zur Phantom Ranch (siehe Seite 90). Übernachtung auf dem Campground und auf der Ranch sowie die Verpflegung im angeschlossenen Restaurant müssen unbedingt langfristig im voraus gebucht werden.

Von hier aus kann man wie folgt zurück wandern:
- Auf dem gleichen Weg, dem Bright Angel Trail über Indian Garden (15 km),
- über den South Kaibab Trail (siehe unten ebenfalls zur South Rim (11,4 km) oder
- über den North Kaibab Trail (siehe Seite 100) zur North Rim (23 km)

● **Indian Garden - Plateau Point**
Trailhead: Indian Garden.
Länge: 1,5 Meilen (2,4 km)
Der Plateau Point Trail führt ohne größere Steigungen, aber auch ohne jeglichen Schatten zu einem herrlichen Aussichtspunkt. Etwa nach der Hälfte des Weges, gabelt sich dieser. Links gehts es auf den Toto Trail, rechts weiter zum Plateau Point. Der Blick von hier in den inneren Canyon und auf den 400 Meter tiefer fließenden Colorado River ist atemberaubend. Zurück geht es auf dem gleichen Weg.

● **South Kaibab Trail**
Trailhead: Südlich des Yaki Points an der Yaki Point Road.
Länge: 11,8 km bis Phantom Ranch.

Der Weg zur Phantom Ranch ist auf dem South Kaibab Trail bedeutend kürzer als auf dem Bright Angel Trail, dafür aber erheblich steiler und es gibt keinerlei Möglichkeit, die Wasserflaschen unterwegs aufzufüllen. Außerdem bietet der South Kaibab Trail auch in den Morgenstunden kaum schattige Stellen. Beide Wege werden regelmäßig von den Nationalpark-Rangern begangen und sind in einem guten Zustand.

Zum Trailhead gelangt man am Besten mit dem kostenlosen Hiker's Express Shuttle Bus, der mehrmals an jedem Morgen von der Bright Angel Lodge Bus über das Backcountry Information Center und das Grand Canyon Visitor Center zum Startpunkt fährt.

Schon nach wenigen Wanderminuten, genau gesagt nach 0,9 km, erreicht man den Ooh-Aah Point, den ersten spektakulären Aussichtpunkt auf dem Trail. Viele Tagesausflügler wandern nur bis hier hin, um die eindrucksvolle Aussicht zu genießen. Dementsprechend nimmt der „Verkehr" auf dem weiteren Trail nun ab.

Durch eine grandiose Natur führt der Weg zur Cedar Ridge - schon im rötlichen, rund 270 Millionen Jahre alten

South Kaibab Trail

	Entfern.	Höhe	Extras
South Kaibab Trailhead	0	2213 m	
Ooh-Aah Point	0,9 km	2030 m	
Cedar Ridge	2,4 km	1865 m	🚻
Skeleton Point	4,8 km	1591 m	
Tip Off	7,1 km	1219 m	🚻 🔾
Bright Angel Campground	11,3 km	756 m	🛏 🚻 ⛺
Phantom Ranch	11,8 km	770 m	🛏 🚻 🔾

Gestein der Hermit Formation. In südlicher Richtung erkennt man auf dem Tonto Plateau den Weg, der von Indian Gardens zum Plateau Point führt. Hier gibt es ein wenig Schatten unter den kleinen Bäumchen und auch ein Toilettenhaus. Der folgende Strecke zum Skeleton Point ist nicht mehr ganz so steil. Nach jeder Wegbiegung gewinnt man neue Perspektiven, bleibende Eindrücke und spektakuläre Aussichten.

Fast am Ziel. Der Blick aus dem Stollen auf die Black Suspension Bridge.

Nach etwas über 7 Kilometern erreicht man Tip Off und den Tonto Trail. Dieser führt westwärts zum etwa 4,2 km entfernten Indian Garden. Auf dem South Kaibab Trail sind es noch rund 4,5 km zur Phantom Ranch. Kurz hinter Tip Off öffnet sich der unbezahlbare Blick auf den etwa 400 Meter tiefer dahinfließenden Colorado River - eine gute Moto-

vation für den Rest des Trails. Irgendwann erreicht man den kurzen, aber schattenspendenden Tunnel, der auf die Black Suspension Bridge und über den Fluß führt. Von hier aus sind es nur noch wenige Meter bis zur Phantom Ranch - das Tagesziel ist erreicht.

● **Hermit Trail**
Trailhead: Etwa 200 Meter westlich von Hermits Rest (Höhe: 2024 m)
Länge (jeweils hin u. zurück): Santa Maria Spring Route = 5 Meilen (8 km), Dripping Springs Route = 7 Meilen (11 km).
Der ursprüngliche Hermit Trail ist in keinem guten Zustand. Er wird nicht mehr vom NPS instand gehalten und der Weg ist teilweise verschüttet. Die Ranger raten von der Begehung ab und empfehlen die weiter unten aufgeführten Teilstücke/Tageswanderungen zu den Santa Maria bzw. Dripping Springs.

Dabei hat der Hermit Trail eine lange Geschichte. Er wurde Anfang des 20. Jahrhunderts angelegt, um das von der Fred Harvey Company betriebene luxuriöse Hermit Camp im Canyon zu versorgen. Die Baukosten für den Trail und das Camp betrugen damals ca. 100.000 $. Das Camp bestand aus 11 Zeltkabinen und einem Speisesaal. Die Cabins hatten Fenster, Teppiche und Heizungen. Außerdem standen den Besuchern Duschen, Telefon und Strom zur Verfügung. 1925 bauten die Betreiber eine fast 1.500 Meter lange Seilbahn, um das Camp mit Nahrungsmitteln zu versorgen, aber auch um das Gepäck der Gäste zu transpotieren. 1930 wurde das Camp aufgegeben - die Anlagen verfielen.

Bis zur Hermit Trail Junction sind beide Touren identisch. Hier biegt man nach rechts ab zur Santa Maria Spring (Höhe: 1.488 m), nach links zu den Dripping Springs (1.731 m).

Beide Trails sind steiler und daher anspruchsvoller sowie anstrengender als z.b. der Bright Angel oder der South Kaibab Trail. Die Wege sind sehr steinig - gutes Schuhwerk ist erforderlich. Trinkwasser ist nur am Trailhead Hermits Rest verfügbar. Die Quellen sind nicht das ganze Jahr über ergiebig. Ihr Wasser muss vor dem Trinken unbedingt behandelt werden.

● **Grandview Trail**
Trailhead: Am Desert View Drive, etwa 12 Meilen (20 km) östl. des Grand Canyon Village
Länge (hin u. zurück): 6 Meilen (9,7 km)
Bereits 1892 als Weg zur Kupfermine „Last Chance" angelegt, führt der sehr steile, anstrengende und nicht mehr gewartete Trail heute vom Ausgangspunkt in 2.255 m Höhe über den Coconino Sattel (durchschnittlich 1.900 m) zur insgesamt 6 Meilen (9,7 km) entfernten Page Spring (ehemals Miners Spring) auf 1.460 m Höhe. Von hier aus führen verschiedene Wege auf die Horseshoe Mesa. Hier stößt der Wanderer immer wieder auf Hinterlassenschaften aus der aktiven Zeit der Bergwerke. Wegen der Einsturzgefahr sind die teilweise ungesicherten Schächte und Stollen sehr gefährlich. Man sollte hier möglichst in einer Gruppe wandern.

Der NPS empfiehlt den extremen Streckenverlauf nach dem Coconino Sattel in den heißen Sommermonaten zu meiden - er ist steil, steinig und schattenlos.

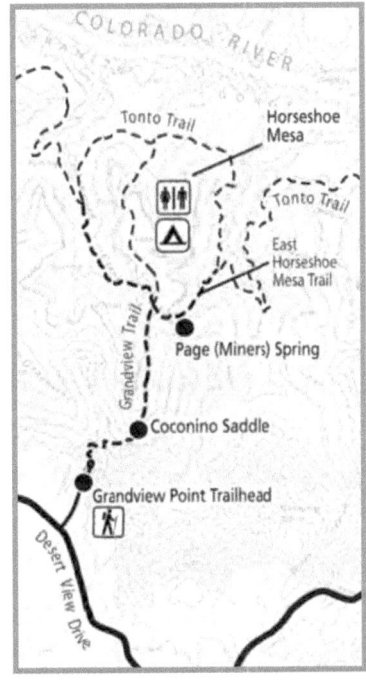

Backcountry Hiking
Abseits der Wege

Für mehrtägige Backcountry-Touren mit Übernachtungen in der Wildnis des Grand Canyon Nationalparks benötigt jeder Wanderer ein Permit. Für Tageswanderungen, Tagesausritte, Flussfahrten, Maultierritte und Übernachtungen in den Schlafsälen oder Hütten auf der Phantom Ranch ist keine Genehmigung erforderlich.

Die Permits können im Backcountry Information Center beantragt werden. Der NPS nimmt aber nur Anfragen per Fax, Post oder persönlich entgegen. Telefonische Anmeldungen und Anmeldungen per E-Mail werden nicht akzeptiert.

Die Kosten belaufen sich 10 US$ je Permit zuzüglich 8 US$ je Person pro Übernachtung im Backcountry. Bei abgelehnten Anträgen entstehen keine Kosten. Für Genehmigungen, die mindestens vier Tage im Voraus storniert werden, wird eine Gutschrift gewährt (allerdings minus einer Stornierungsgebühr in Höhe von 10 US$), die ein Jahr lang gültig ist.

Der NPS hat die Backcountry-Gebiete des Nationalparks in Nutzungsgebiete (Use Areas) von unterschiedlicher Größe eingeteilt. Die Anzahl der Permits, die für das jeweilige Nutzungsgebiete ausgegeben werden, ist von verschiedenen Faktoren, wie z.B. der Größe, der Anzahl geeigneter Zeltplätze und der ökologischen Empfind-

lichkeit der Gegend, abhängig. Weitere Infos zu den Nutzungsgebieten unter *www.go.nps.gov/whgm99*

In den Use Areas Bright Angel, Indian Garden, Cottonwood, Hermit, Monument, Horseshoe Mesa und Tapeats dürfen Besucher pro Zelt- oder Campingplatz maximal zwei Nächte je Wanderung verbringen (aufeinanderfolgend oder nicht). Allerdings gibt es eine Ausnahme bei dieser Regel: In den Wintermonaten, also vom 15. November bis zum 28. Februar sind auf dem Bright Angel, Indian Garden oder Cottonwood Campground bis zu vier Übernachtungen zulässig. In anderen als den oben

Grand Canyon Permit Office

Grand Canyon National Park
Backcountry Information Center
1824 S Thompson St, Suite 201
Flagstaff, AZ 86001
grca_bic@nps.gov

Vor Ort:
South Rim
Backcountry Information Center
(neben der Maswik Lodge)
Von 08.00 - 12.00 Uhr und von
13.00 bis 17.00 Uhr.
Tel. 928-638-7875
Fax 928-638-2125

North Rim
Backcountry Information Center
(im NPS-Verwaltungsgebäude
18,5 km südlich des nördlichen
Parkeingangs.)
Von 08.00 - 12.00 Uhr und von
13.00 bis 17.00 Uhr.

genannten sieben Use Areas sind Backcountry Hikes mit maximal sieben Übernachtungen pro Nutzungsgebiet zulässig. Die Gesamtdauer ist jedoch nicht begrenzt.

Da die Backcountry-Übernachtungsplätze wie z.b. auf dem Bright Angel oder dem Indian Garden Campgound sehr begehrt sind und nur eine begrenzte Anzahl von Permits vergeben werden, beantragt man seine Genehmigung am Besten so früh wie möglich. Das Backcountry Information Center nimmt die schriftlichen Anträge frühestens 10 Tage vor dem Monatsersten vier Monate vor dem voraussichtlichen Wandertermin entgegen (Siehe Spalte A der folgenden Tabelle). In der Spalte B stehen die Termine, ab denen die Anträge verarbeitet werden. Alle bis 17.00 Uhr MST eingegangenen Formulare werden in zufälliger Reihenfolge verarbeitet. Später eingehende Anträge entsprechend dem Eingang.

Zusätzlich stehen eine begrenzte Anzahl kurzfristiger Permits für die Corridor-Campingplätze Indian Garden, Bright Angel und Cottonwood Campground zur Verfügung. Diese kurzfristigen Permits werden ausschließlich persönlich ausgestellt und gelten für eine oder zwei aufeinanderfolgende Nächte. Sie können maximal einen Tag vor Beginn der jeweiligen Wanderung beantragt werden.

Der NPS beantwortet schriftliche Anträge ausschließlich auf dem Postweg. Dabei muss man mit einer Bearbeitungzeit von etwa drei Wochen rechnen. Wird der Genehmigungsantrag abgelehnt, kann man Tageswanderungen unternehmen oder beim Backcountry Information Center vorsprechen und versuchen, noch ein kurzfristiges Permit zu bekommen.

Permit Abgabetermine

A	B	C
Wanderung beginnt im:	Antrags-abgabe ab	Bearbeitung ab 17:00 MST am	Persönliche verbale Anträge ab:
Januar	20. August	1. September	1. Oktober
Februar	20. September	1. Oktober	1. November
März	20. Oktober	1. November	1. Dezember
April	20. November	1. Dezember	1. Januar
Mai	20. Dezember	1. Januar	1. Februar
Juni	20. Januar	1. Februar	1. März
Juli	20. Februar	1. März	1. April
August	20. März	1. April	1. Mai
September	20. April	1. Mai	1. Juni
Oktober	20. Mai	1. Juni	1. Juli
November	20. Juni	1. Juli	1. August
Dezember	20. Juli	1. August	. September

Radfahren
Aber sicher!

Drei verschiedene Routen für unterschiedlichen Zeitbedarf und verschiedene Fitnesslevel bieten sich an.

Red Bike Ride

An der South Rim des Grand Canyon warten kilometerlange, gut ausgebaute und asphaltierte Radwege darauf, von engagierten Radfahrern entdeckt zu werden. Fahrräder können im Bike Shop unmittelbar am Grand Canyon Visitor Center angemietet werden. Der Vermieter hat ein Faltblatt mit einer Karte für die verschiedenen Touren und vielen Tipps erstellt. Die Routen können an den Shuttlebus-Haltestellen abgekürzt werden, d.h. man fährt mit dem Bus zurück. Aber Achtung - die Busse können jeweils nur zwei bis drei Fahrräder transportieren und Kinderfahrräder passen mit dem kleineren Raddurchmesser überhaupt nicht in die Fahrradträger.

Die Route, die teils über die für den privaten Autoverkehr gesperrte Hermit Road und teils über über den asphaltierten Greenway Trail vom Hopi Point bis zu Hermits Rest und zurück führt, ist für Familien mit kleinen Kindern oder auch für untrainierte Fahrer geeignet.
Zeitbedarf: 1,5–2 Stunden
Länge: 11 Meilen / 17,6 km Roundtrip
Höhenunterschied: 132 Meter (zwischen Hopi Point und Hermits Rest)

Yellow Bike Ride

Etwas mehr Zeit und auch eine gute Kondition erfordert die gelbe Route. Sie führt vom Visitor Center durch das Grand Canyon Village und dann ebenfalls über die Hermit Road und den

Auch mit dem Fahrrad erreicht man am Grand Canyon wunderschöne Aussichtspunkte.

Greenway Trail zu Hermits Rest und zurück.
Zeitbedarf: 2,5–6 Stunden
Länge: 21 Meilen / 33,6 km Roundtrip
Höhenunterschied:
15 Meter zwischen Visitor Center und Hopi Point
132 Meter zwischen Hopi Point und Hermits Rest
6% auf 750 Meter zu Beginn der Hermit Road

Orange Bike Ride:
Die orange Route führt vom Visitor Center über den asphaltierten Greenway Trail zum Aussichtspunkt Pipe Creek Vista und weiter zum Yaki Point. Auch diese Strecke ist ideal für Familien mit Kindern.
Zeitbedarf: 1–1,5 Stunden
Länge: 5,8 Meilen / 9,2 km Roundtrip
Höhenunterschied- +/- 43 Meter

Wichtig !

- Bei Gewittern sicheren Unterstand (Gebäude) aufsuchen.
- Nicht auf dem Rim Trail oder in den Canyon hinein fahren!
- Niemals ohne Helm fahren.
- Kinder in den Fahrrad-Anhängern müssen angeschnallt sein.

Mietpreise
Bright Angel Bicycles

Cruiser Rad (26")
1 Stunde: $12
1/2 Tag (bis 5 Std.) : $30
1 Tag: $40
24 Std.: $45
Mehrere (min. 2) Tage: $35

Kinder-Fahrräder (20" & 24")
1 Stunde: $9
1/2 Tag (bis 5 Std.) : $20
1 Tag: $30
24 Std.: $30
Mehrere (min. 2) Tage: $25

Fahrrad Kinderanhänger
Die Trailer sind bis 45 kg zugelassen und mit 2 Sitzen und Gurten ausgestattet.
1 Stunde: $9
1/2 Tag (bis 5 Std.) : $20
1 Tag: $25
24 Std.: $30
Mehrere (min. 2) Tage: $25

Rennrad (Roadbike)
(Nur begrenzte Stückzahl vorhanden!)
1/2 Tag (bis 5 Std.) : $35
1 Tag: $45

Alle Mietpreise zuzüglich Steuern. Im Mietpreis ist ein Fahrradhelm enthalten.

Die Räder können im Bike Shop am Grand Canyon Visitor Center angemietet werden.
Öffnungszeiten:
05.03.-31.03. von 09:00 bis 17:00
01.04.-30.04. von 08:00 bis 17:00
01.05.-15.09. von 08:00 bis 18:00
16.09.-31.10. von 09:00 bis 17:00
01.11.-07.01. von 10:00 bis 16:00
(wetterabhängig)
www.bikegrandcanyon.com

Mule Rides
Das Glück der Erde liegt...

Das Sprichwort „Das Glück der Erde liegt auf dem Rücken der Pferde" ist allgemein bekannt. Für den Grand Canyon gilt es nicht ganz so. Auch wenn Pferde im amerikanischen Westen einen regelrechten Kultstatus haben, so kommen für den Ritt in den Canyon hinein nur zuverlässige und trittsichere Maultiere zum Einsatz. Seit mehr als 100 Jahren transportieren Maultiere die Touristen am Grand Canyon. Aktuell werden folgende Touren angeboten:

● Canyon Vistas Mule Ride
Hierbei handelt es sich um dreistündige Tour (davon zwei Stunden im Sattel) zu den Highlights der South Rim. Vom 15. März bis zum 30. November starten die Mule Rides jeweils um 08:00 und um 12:00 Uhr. In den Wintermonaten vom 1. Dezember bis 14. März beginnt der Maultierausritt um 09:00 Uhr. Die Kosten liegen bei 142,83 US-Dollar pro Person inklusive Steuern und können ohne vorherige Ankündigung geändert werden. Eine Souvenir-Wasserflasche ist im Preis enthalten.

● Ausritte mit Übernachtung auf der Phantom Ranch
Das Abenteuer beginnt mit einer gründlichen Einweisung am historischen Stone Corral in der Nähe der historischen Bright Angel Lodge.

Der Abstieg auf den Bright Angel Trail ist etwa 10,5 Meilen lang und dauert

Vor dem Start bekommen alle Teilnehmer eine Einweisung und Gelegenheit, sich an ihr Muli zu gewöhnen.

ca. 5 ½ Stunden. Pausen sind einge-
plant, wie z.B. in Indian Garden, wo
Lunchpakete verteilt werden. Weiter
geht es entlang der Felskante in den
Inner Gorge und auf der Suspension
Bridge über den Colorado zur historischen Phantom Ranch. Hier ist jede
Cabin mit Etagenbetten, Waschbecken
(kaltes Wasser) und Toilette ausgestattet. Dusche und warmes Wasser gibt
es in einem zentralen Waschhaus.
Bettwäsche, Seife und Handtücher
werden gestellt.

Jeden Abend wird im Dining Room der
Ranch eine deftige Mahlzeit im Family
Style serviert. Nach dem Frühstück am
Morgen der Abreise geht es über den
etwas kürzeren, aber auch steileren
South Kaibab Trail zurück zur South
Rim. Die Mulis brauchen für die rund
7,8 Meilen lange Strecke wieder 5 1/2
Stunden.

Für den Transport wichtiger Toilettenar-
tikel, zusätzlicher Kleidung usw. wird
eine kleine Plastiktüte in der Größe
eines „10 pound icebag" ausgegeben.
Der Transport weiterer Taschen ist kos-
tenpflichtig und muss unbedingt bei der
Reservierung abgesprochen werden!

Die Tour mit einer Übernachtung auf
der Phantom Ranch (ganzjährig verfügbar) kostet 588,43 $ für eine Person
oder für zwei Personen 1027,86 $.
Jede weitere Person zahlt 452,43 US-
Dollar.

Mit zwei Übernachtungen auf der
Phantom Ranch (nur Nov. bis März)
kostet das Abenteuer 838,31 $ für eine
Person und 1378,62 $ für zwei Perso-

Voraussetzungen

Die Reiter müssen
- mindestens 9 Jahre alt sein,
- gut Englisch sprechen,
- mindestens 4 Fuß (1,44 m) groß
  sein,
- für den Ritt zur Phantom Ranch
  max. 200 Pounds (90 kg) wiegen,
- für den Canyon Vistas Mule Ride
  max. 225 Pounds (102 kg) wiegen,
- in guter körperlicher Verfassung
  und
- frei von Höhenangst sein.
Angemessene Kleidung, wie lang-
ärmelige Hemden/Blusen, Hüte mit
breiten Krempen (Sonnenschutz!)
lange Hosen und geschlossene ,
feste Schuhe sind Pflicht. Im Winter
werden warme Skimützen und
Handschuhe empfohlen.

nen. Für jede weitere Person sind
566,31 $ zu zahlen. Die Preise können
ohne Vorankündigung geändert werden.

In den genannten Preisen sind neben
dem Ritt, die Verpflegung und die Unterkunft auf der Phantom Ranch enthalten.

Die Mulitouren können unter der Ruf-
nummer 303-297-2757 oder gebühren-
frei innerhalb der USA unter
888-297-2757 im Idealfall ein Jahr im
voraus reserviert werden.

Weitere Infos:
**www.grandcanyonlodges.com/thing
s-to-do/mule-trips/**

Rundflüge
Fly, fly away...

Eine weitere beliebte Art, den Grand Canyon zu erkunden sind Rundflüge, die von Las Vegas (Boulder Terminal) aus oder vom Grand Canyon Airport in Tusayan durchgeführt werden. Für diese unvergesslichen Abenteuer stehen sowohl Flugzeuge, als auch Hubschrauber bereit.

Die Preise beginnen bei etwa 150 Euro pro Person und richten sich nach der Flugdauer und dem gebotenen Service. Helicopterflüge sind im allgemeinen teurer. Zu gewissen Zeiten (Vorsaison, Mittagszeit usw.) werden Rabatte angeboten.

Bevor man den kürzesten und damit billigsten Flug von 30 Minuten in Tusayan wählt, sollte man bedenken, das An- und Rückflug schon jeweils rund 10 Minuten dauern und der Flug über den eigentlichen Canyon entsprechend kurz ist. Die längere Variante ist - wenn die Reisekasse gut gefüllt ist - auf jeden Fall empfehlenswert. Das Einfliegen in den inneren Canyon ist, nach einem Unglück im Jahre 1986, seit dem 1.11.1988 verboten. Aber auch von „oben" hat man atemberaubende Ein- und Ausblicke.

Rundflug-Anbieter ab Grand Canyon Airport Tusayan

Mit Flugzeugen:
- Grand Canyon Airlines
Tel. 866-235-9422
www.grandcanyonairlines.com
- Westwind Air Service
Tel. 888-869-0866
www.westwindairservice.com
- Vision Airlines
Tel. 800-256-8767
www.visionholidays.com

Mit Hubschraubern:
- Grand Canyon Helicopters
Tel. 855-326-9617
www.grandcanyonhelicoptersaz.com
- Maverick Helicopters
Tel. 888-261-4414
www.maverickhelicopter.com
- Papillon Grand Canyon Helicopters
Tel. 888-635-7272
www.papillon.com

Die beste Aussicht geniesst man auf dem Platz ganz vorne, direkt neben dem Piloten. Größere Flugzeuge haben nicht nur Fensterplätze. Wer fotografieren möchte, sollte sich daher bei der Buchung einen Platz am Fenster garantieren lassen.

Speziell in den heißen Sommermonaten können die Maschinen durch eine unberechenbare Thermik kräftig durchgerüttelt werden. Wer also einen empfindlichen Magen besitzt, sollte sich gut auf den Flug vorbereiten, vorher auf deftige Speisen verzichten und sich mit den entsprechenden Medikamenten gegen Reisekrankheit eindecken.

Achtung - Flüge mit dem Ziel „Westrand" des Grand Canyon überqueren meist nicht das Gebiet des eigentlichen Nationalparks sondern das weniger eindrucksvolle Hualapai-Reservat.

Von oben erkennt man sehr gut den Zusammenfluß von Little Colorado und dem Colorado River.

Unterkünfte

Hotels & Cabins an der South Rim

Die Unterkünfte im Nationalpark sind in der Hochsaison, an Feiertagen und an Wochenenden oft ausgebucht. Es empfiehlt sich daher unbedingt eine frühzeitige Reservierung.

● El Tovar Hotel
1 El Tovar Straße
Grand Canyon, AZ 86023
Tel. 928-638-2631
Reservierungen:
Tel. 888-297-2757
www.grandcanyonlodges.com
Das rustikale Hotel, erbaut 1905, präsentiert auch heute noch den Stil der Elite der damaligen Zeit. Haupsächlich aus lokalem Kalkstein und Oregon Kiefer erbaut, ergab sich eine gelungene Mischung aus schweizer Chalet und norwegischer Villa. Das Hotel hat heute 78 Zimmer - darunter 12 Suiten - die alle unterschiedlich, aber komplett (SAT-TV, Kaffeemaschine, Safe, Fön, Telefon, Klima und Bad) und mit Charme eingerichtet sind.
Restaurants:
- El Tovar Dining Room
Reservierungen: Tel. 928-638-2631 o. eltovar-dinner-res-gcsr@xanterra.com
Gourmet-Restaurant in einer Atmosphäre historischer und lässiger Eleganz. Hier aßen schon Teddy Roosevelt, Bill Clinton und Paul McCartney.
Angemessene Kleidung erwünscht (keine Shorts oder Flip Flops).
Frühstück: 06:30 bis 10:30 Uhr

Mittagessen: 11:30 bis 14:00 Uhr
Abendessen: 17:00 bis 21:30 Uhr
Lounge: 11:00 bis 23:00 Uhr

● Bright Angel Lodge
9 North Village Loop Drive
Grand Canyon, AZ 86023
Tel. 928-638-2631
Reservierungen: Tel. 888-297-2757
www.grandcanyonlodges.com
Für Wanderer günstig unmittelbar am Trailhead zum Bright Angel Trail gelegen, bietet die Lodge insgesamt 90 Zimmer und Cabins im Bereich von 100 bis 450 $
Restaurants:
- Bright Angel Restaurant
Gutes Familienrestaurant. „Dress code is casual".
Frühstück: 06:30 bis 11:00 Uhr
Mittagessen: 11:30 bis 15:30 Uhr
Abendessen: 17:00 bis 21:30 Uhr
Bar: 11:00 - 23:00 Uhr
- Arizona Room
Hier stehen handgeschnittene Steaks, BBQ Ribs, Hühnchen und Fisch auf der Karte. Alles im Southwest Style zubereitet.
Frühstück: 04:30 bis 09:00 Uhr
Mittagessen: 11:30 bis 15:00 Uhr
Abendessen: 16:30 bis 21:00 Uhr
- Canyon Coffee House
Kaffee von Expresso bis Cappucciono. Kleines, schnelles Frühstück.
Frühstück: 05:30 bis 10:00 Uhr

● Kachina Lodge
5 North Village Loop Drive
Grand Canyon, AZ 86023
Tel. 928-638-2631
Reservierungen: Tel. 888-297-2757
www.grandcanyonlodges.com
Checkin an der Rezeption im El Tovar

Hotels und Campgrounds an der South Rim

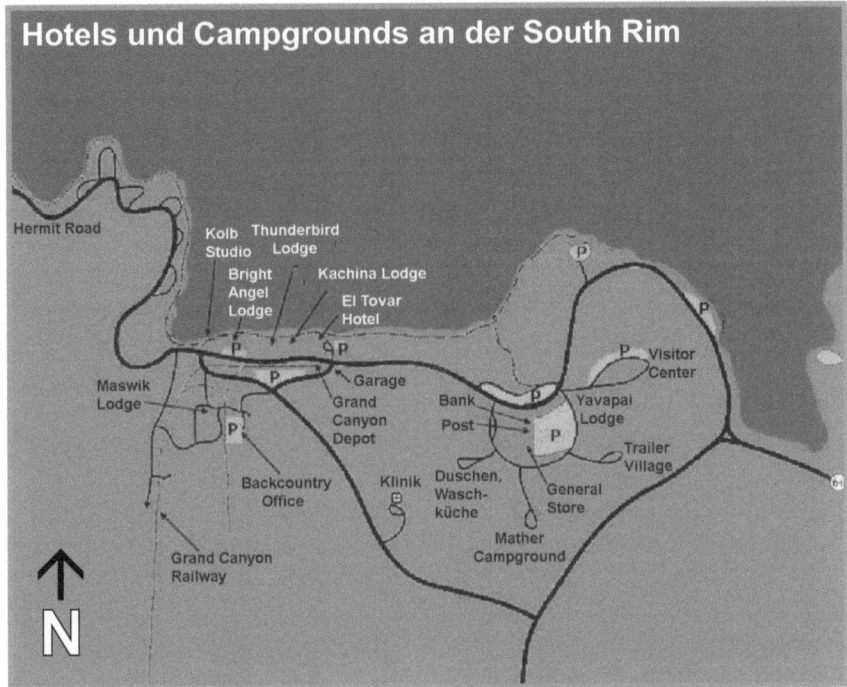

Hotel. Die in den späten 60er Jahren erbaute Lodge liegt unmittelbar an der Canyonkante, so dass viele Zimmer eine spektakuläre Aussicht bieten. Die Zimmer haben entweder ein Kingsize- oder zwei Queen-Betten und verfügen über Kaffeemaschine, Kühlschrank, Flachbildfernseher mit Sat-TV, Telefon, Fön, Safe und ein Bad.

● **Maswik Lodge**
202 South Village Loop Drive
Grand Canyon, AZ 86023
Tel. 928-638-2631
Reservierungen:
Tel. 888-297-2757
www.grandcanyonlodges.com
250 Räume in verschiedenen zweistöckigen Gebäuden (Motel ähnlich), die in einem ruhigen Pinienwäldchen liegen. Die Zimmer (Maswik North) verfügen über Kaffeemaschine, Kühlschrank, Kli-

maanlage, Safe, Sat-TV, Telefon, Fön sowie zwei Queen-Size-Betten oder ein Kingsize-Bett. Die Zimmer in Maswik South sind etwas kleiner und haben statt einer Klimaanlage einen Deckenventilator. Zustellbetten auf Anfrage.

Restaurants:
- Maswik Food Court
Für den kleinen Snack oder den großen Hunger - hier wird jeder satt. Ideal für Familien oder Gruppen.
Geöffnet von 06:30 bis 21:00 Uhr
- Maswik Pizza Pub
Der Name ist Programm. Fernseher übertragen Sport aus der ganzen Welt.
Von 12:00 bis 22:00 Uhr geöffnet

● **Thunderbird Lodge**
7 North Village Loop Drive
Grand Canyon, AZ 86023
Tel. 928-638-2631
Reservierungen:Tel. 888-297-2757

www.grandcanyonlodges.com
Checkin an der Rezeption der Bright Angel Lodge. Die ebenfalls direkt an der Canyonkante liegende Lodge verfügt über komfortable und moderne Zimmer. Die Lage ist optimal - Visitor Center, Geschäfte und Restaurants im Zentrum sind zu Fuß zu erreichen.

● **Yavapai Lodge**
11 Yavapai Lodge Rd.
Grand Canyon, AZ 86023
Tel. 928-638-4001
Reservierungen: Tel. 877-404-4611
www.visitgrandcanyon.com/
Die Zimmer der Yavapai Lodge East befinden sich in sechs zweistöckigen Gebäuden und verfügen über Klimaanlage, Minikühlschrank, Kaffeemaschine, Flachbild-Fernseher, Telefon, Bügelbrett, Fön und Wannen- bzw. Duschbad.
Die ausschließlich ebenerigen Zimmer in den zehn Gebäuden von Yavapai West sind ähnlich ausgestattet, haben aber statt der Klimaanlage lediglich einen Deckenventilator.

Restaurants:
- **Yavapai Lodge Restaurant**
Frisch renoviert. Für Frühstück, Mittag- uder Abendessen. Ob Steak oder vegetarisch - für jeden was dabei.
Öffnungszeiten:
1.1.-28.2. von 06:30 bis 10:30 und von 17:00 bis 21:00 Uhr
1.3-18.5. von 06:00 bis 21.00 Uhr
19.5-3.9. von 06:00 bis 22:00 Uhr
4.9.-22.10. von 06:00 bis 21:00 Uhr
23.10.-31.12. von 06:30 bis 21:00 Uhr

- **Yavapai Tavern**
Eine Bar, in der lokales Bier und guter Wein kredenzt wird.
Öffnungszeiten:
1.1.-28.2. von 11:00 bis 22:00 Uhr
1.3-18.5. von 15:00 bis 22:00 Uhr
19.5-3.9. von 11:00 bis 23:00 Uhr
4.9.-31.12. von 15:00 bis 22:00 Uhr
- **Yavapai Coffee Shop**
Hier wird die schnelle Tasse Kaffee serviert. Dazu ein Sandwich, Wrap oder ein Salat.
Öffnungszeiten:
1.1.-28.2. von 07:00 bis 15:00 Uhr
1.3-18.5. von 06:00 bis 15:00 Uhr
19.5-3.9. von 05:00 bis 17:00 Uhr
4.9.-22.10. von 06:00 bis 15:00 Uhr
23.10.-31.12. von 07:00 bis 15:00 Uhr.

Im Canyon
● **Phantom Ranch**
PO Box 129
Grand Canyon, AZ 86023
Fax 928-638-2125
Reservierungen:
Tel. 888-297-2757
www.grandcanyonlodges.com
Historische Unterkunft (erbaut 1928) tief unten im Grand Canyon. Nur nach anstrengender Wanderung oder mit dem Muli erreichrbar. Angeboten werden Cabins und Schlafsäle. Die Cabins sind für 2 bis 10 Personen ausgelegt und verfügen über Bad/WC.
Außerdem gibt es zwei Schlafsäle jeweils für Männlein und Weiblein. Bettwäsche und Handtücher werden für alle Gäste gestellt.

Campgrounds
South Rim

Es gibt drei ausgewiesene Camping-plätze innerhalb der Nationalparkgren-zen im Bereich der South Rim. Eine frühzeitige Reservierung ist sowohl für den Mather Campground als auch für das Trailer Village unbedingt zu emp-fehlen. Aber auch, wenn man keine Re-servierung getätigt hat, kann es sich lohnen an der Rezeption nachzufragen. Immer wieder sagen Camper kurzfristig ab oder erscheinen gar nicht. Diese freigewordenen Plätze werden nicht mehr online eingestellt, sondern unbü-rokratisch direkt vor Ort vergeben. Der Desert View Campground kann nicht vorreserviert werden - hier gilt das First come - First serve Prinzip.

● Mather Campground

36°03'02"N - 112°07'16"W
Herrlich mitten im Wald gelegen. 329 Stellplätze für Zelte und Wohnmobile bis maximal 30 ft. (9,1 m), keinerlei Hook-ups, aber zahlreiche WC. Du-schen und Münzwaschmaschinen di-rekt am Eingang.
Ganzjährig geöffnet.
Reservierungen bis zu 6 Monaten im voraus: Tel. 877-444-6777
Online: *www.recreation.gov/*

● Desert View Campground

36°02'24"N - 111°49'20"W
Lage: ca. 25 Meilen (40 km) östlich vom Grand Canyon Village. 50 Stell-plätze für Zelte oder RVs bis max. 30 ft. (9,1 Meter). Keinerlei Versorgungs-anschlüsse an den jeweiligen Stellplät-

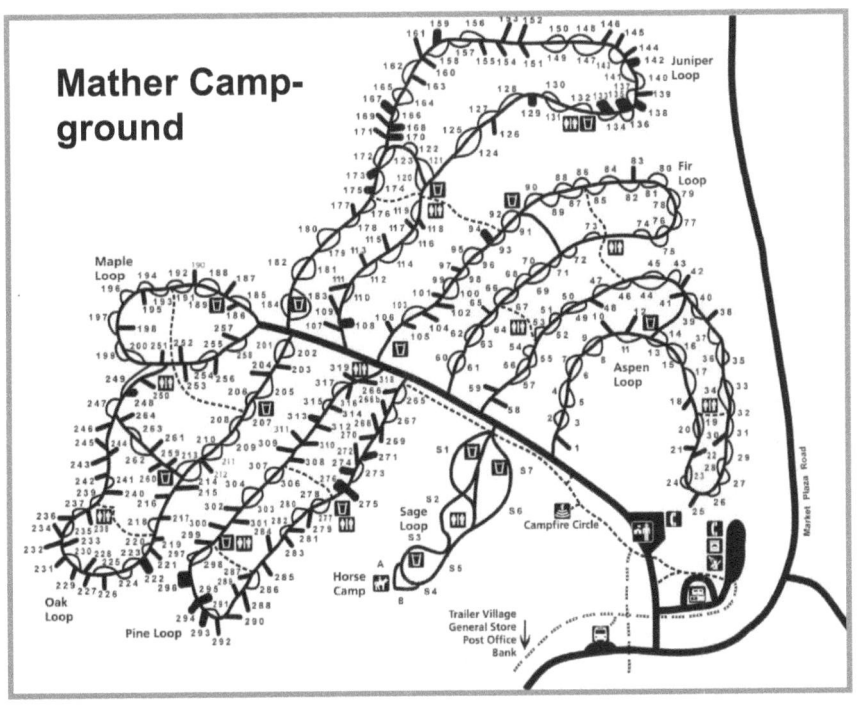

zen aber Toiletten und Wasserhähne. Geöffnet von Mitte April bis Mitte Oktober. Platzvergabe nach dem First come - First serve Prinzip. Check out ist um 11:00 Uhr.

● **Trailer Village**
Tel. 877-404-4611
84 übersichtliche Stellplätze mit nur wenig Schatten. Auch für größere RV bis 50 Ft. geeignet Jeder Stellplatz hat Full Hookup. Eine Dump Station ist vorhanden. Geöffnet vom 1. Mai bis 25. Oktober. *www.visitgrandcanyon.com*

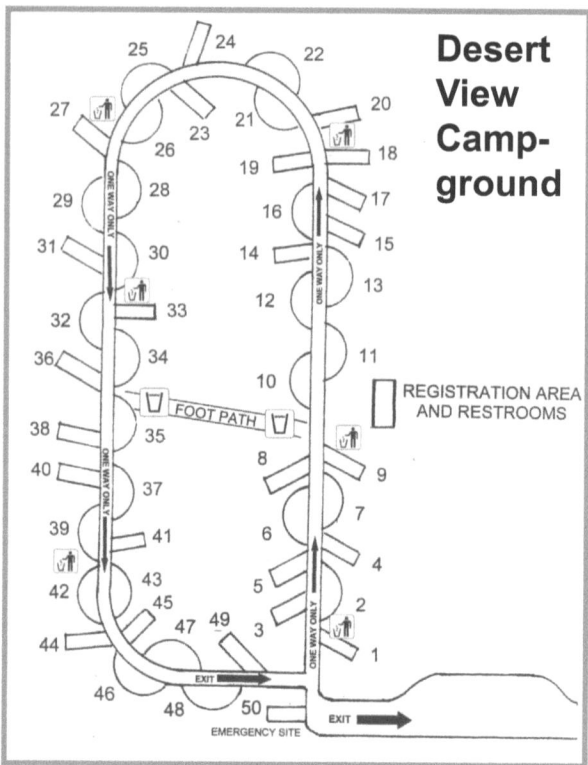

Das Trailer Village bietet den vollen Hookup Service, aber man steht mit seinem RV übersichtlich in Reih' und Glied.

Backcountry Campgrounds

Darüberhinaus ist erlaubnispflichtiges Backcountry-Campen möglich. Es gibt drei Campingplätze entlang der Corridor Trails: Indian Garden Campground, Bright Angel Campground und Cottonwood Campground. Bis zu zwei Nächte (aufeinanderfolgend oder nicht aufeinanderfolgend) pro Campingplatz pro Wanderung darf man hier verbringen. Vier Übernachtungen sind vom 15.11. - 28.02. erlaubt.

Für Mehrtageswanderungen mit Übernachtung im Hinterland ist eine Genehmigung erforderlich. Die Permits und weitere Infos sind erhältlich im
Backcountry Information Center
(unmittelbar östlich der Maswik Lodge)
PO Box 129
Grand Canyon, AZ 86023
Tel. 1-928-638-7875 (Mo-Fr. von 08:00 bis 17:00 Uhr).

● Indian Garden Campground

Der schön gelegene Campground befindet sich am Bright Angel Trail, etwa 4,5 Meilen Fußweg von Trailhead an der South Rim entfernt. Ein kleiner Bach fließt hier durch (ideal um nach der Wanderung die Füße zu kühlen) und bewässert die schattenspendenden Pappeln. Indian Garden hat 16 Sites für Zelte, eine nicht immer besetzte Ranger-Station, ein Notruftelefon, Trinkwasser und Toiletten. Die Mulis auf dem dem Weg zur Phantom Ranch machen hier eine wohlverdiente Pause. Von Indian Gardens aus ist der Plateau Point mit einem Panoramablick auf den Colorado River, leicht zu erreichen.

● Bright Angel Campground

Tief unten im Grand Canyon, 9,9 Meilen von der South Rim und 14 Meilen von der North Rim entfernt, liegt der Bright Angel Campground. 30 Plätze für Zelte warten am Bright Angel Creek, jeweils etwa 1/4 Meile vom Colorado und von der Phantom Ranch entfernt, auf die Wanderer. Es gibt eine Ranger-Station, ein Notruftelefon, das ganze Jahr über Trinkwasser und Toiletten. Den Zeltplatz ereicht man von der South Rim über den South Kaibab Trail oder den Bright Angel Trail oder düber en North Kaibab Trail von der North Rim aus. Von hier aus kann der River Trail begangen werden oder zum Phantom Overlook gewandert werden. Rehe, Füchse und Eichhörnchen fühlen sich hier wohl.

Snacks und Mahlzeiten gibt es in der Phantom Ranch Lodge (Mahlzeiten müssen im voraus unter Telefon 303-297-2757 reserviert werden).

Außerhalb des Parks

86023 Tusayan

Das ganz auf den Tourismus ausgerichtete Städtchen mit knapp 550 Einwohnern nennt sich auch gerne „Grand Canyon City". Das ganze Geschehen spielt sich (fast) hauptsächlich auf der Durchgangsstraße ab.

Hotels / Motels in 86023 Tusayan

● **The Grand Hotel**
149 AZ-Hwy-64
Tel. 888-634-7263
www.grandcanyongrandhotel.com

● **Best Western Premier Grand Canyon Squire Inn**
74 AZ-Hwy-64
Tel. 928-638-2681
Fax 928-638-2782
groups@grandcanyonsquire.com
www.grandcanyonsquire.com

● **Grand Canyon Holiday Inn**
226 AZ-Hwy-64
Tel. 928-638-3000
Fax: 928-638-0123
StaySmart@gcanyon.com
www.gcanyon.com/

● **Red Feather Lodge**
300 AZ-Hwy-64
Tel. 928-638-2414
Fax: 928-638-2707
info@redfeatherlodge.com
www.redfeatherlodge.com

● **Canyon Plaza Resort**
406 Canyon Plaza Lane
Tel. 928-638-2673
Fax: 928-638-9537
reservations@cprgc.com
www.grandcanyonplaza.com

● **7 Mile Lodge**
AZ Highway 64
Tel. 928-638-2291
iKeine Reservierungen / Walk in only
www.angelfire.com/biz/7milelodge/

Campingplätze in 86023 Tusayan

● **Grand Canyon Camper Village**
549 Camper Village Lane
Tel. 928-638-2887
info@grandcanyoncampervillage.com
www.grandcanyoncampervillage.com
Großer CG, Full Hook-ups oder Wasser und Elektro, Toiletten/Duschen, Münzwaschmaschinen.

86046 Valle

Kleiner Ort mit 2.300 Einwohnern, die sich aber auf 630 km² verteilen.

Hotels / Motels in Valle

Grand Canyon Inn and Motel
317 South State Route 64
Tel. 928-635-9203
Fax 928-635-2345
info@grand-canyon-inn.com
www.grandcanyoninn.com

Campingplätze in Valle

Flintstone Bedrock City

101 S Hwy 180 Junction Hwy 64 & 180
Tel. 928-635-2600
Fax 928-635-0669
info@bedrockaz.com
www.bedrockaz.com
15 Full Hook-up-Stellplätze und zwölf
nur Elektrizität. Waschraum und WC.
Dump Station und Laudry. Diner, Grocery und Themenpark.

86020 Cameron

Erster Ort nach dem Ostausgang des
Nationalparks an der Kreuzung US 89
und AZ 64.

Hotels / Motels
- in 86020 Cameron

● Cameron Trading Post
Am US Hwy. 89
Tel. 800-338-7385

86046 Williams

Route 66, Grand Canyon Railway und
Wilder Westen - die Stadt Williams mi
2.800 Einwohner lebt vom Tourismus.
Von hier aus führt die AZ 64 ins knapp
95 km entfernte Grand Canyon Village.

Hotels / Motels
- in 86046 Williams

● America's Best Value
302 E. Route 66
Tel. 928-635-4085

● Best Western Plus Inn
2600 W. Route 66
Tel. 928-635-4400
Fax 928-635-4488
alswestwardho@gmail.com
www.bestwesternwilliams.com

● Canyon Motel & RV Park
1900 E. Rodeo Rd.
Tel. 928-635-9371
www.thecanyonmotel.com

● Comfort Inn
911 W Route 66
Tel. 928-635-4045
www.choicehotels.com

● Day's Inn
2488 W. Route 66
Tel. 928-635-4051
www.wyndhamhotels.com/days-inn

● Grand Canyon Railway Hotel
235 N Grand Canyon Blvd.
928-635-4010
www.thetrain.com

● Holiday Inn Express
1150 W. Cataract Lake Road
Tel. 928-635-2221
wlmes.16965@gmail.com
www.ihg.com

● Howard Johnson Express Inn
511 N Grand Canyon Blvd
Tel. 928-635-9561
www.wyndhamhotels.com/hojo

● Knights Inn
750 N Grand Canyon Blvd
Tel. 928-635-1412
www.wyndhamhotels.com/knights-inn

LaQuinta Inn
1100 Cataract Lake Rd.
Tel. 928-635-0033
www.lq.com

Motel 6 East
710 W. Route 66
Tel. 928-635-4464
www.motel6.com

Motel 6 West
831 W. Route 66
Tel. 928-635-9000
www.motel6.com

Quality Inn
1029 N Grand Canyon Blvd.
Tel. 928-635-9888
Fax 928-635-2235
www.choicehotels.com

Campgrounds
- in 86046 Williams

Canyon Gateway RV Park
1060 N. Grand Canyon Blvd.
Tel. 928-635-2718
www.hideawayrv.com
101 großzügige Stellplätze, Full Hook-up, Duschen, Toiletten, Münzwaschmaschinen.

Canyon Motel & RV Park
1900 E Rodeo Road
Tel. 928-635-9371
www.thecanyonmotel.com/
47 Stellplätze. Duschen, WC und WLAN. Münzwaschmaschinen. Indoor-Pool. General Store.

Circle Pines KOA
1000 Circle Pines Rd.
Tel. 928-635-2626
www.madisonarmresort.com
70 Stellplätze am Hebgen Lake, Full Hook-up, Waschräume, free Wi-Fi. Bootsverleih. Cabins. Geöffnet vom 15. Mai bis 1. Oktober.

Grand Canyon KOA
5333 State Highway 64
Tel. 928-635-2307
www.koa.com/campgrounds/grand-canyon/
51 Stellplätze, Full Hook-up, Waschräume, Münzwaschmaschinen, Pool, WLAN, Dump-Station. Kabins.

Grand Canyon Railway RV Park
601 W. Franklin Ave.
Tel. 928-635-4224
www.thetrain.com
124 Stellplätze, Full Hook-up, free WLAN, Waschräume, Münzwaschmaschinen. Convenience Store.

Railside RV Ranch
877 E Rodeo Road
Tel. 928-635-4077
reservations@railsiderv.com
www.railsiderv.com/
96 Stellplätze, Full Hook-up, Waschräume, Münzwaschmaschinen. Dump Station.

86001-4 Flagstaff

Die Stadt mit 65.000 Einwohnern liegt am Südwestrand des Colorado-Plateaus auf rund 2.100 m Höhe und ist durch die Interstates 40 und 17, sowie die transkontinentale Eisenbahnlinie,

Fernlinienbusse und den Flughafen voll erschlossen.

Hotels / Motels
- in 86001 Flagstaff

● **Best Western Pony Soldier Inn**
3030 E. Route 66
Tel. 928-526-2388
www.bestwestern.com/ponysoldierinnandsuites

● **Budget Inn**
913 S. Milton Road
Tel. 928-774-5038
www.budgetinnflagstaff.com

● **Comfort Inn I-17 & I-40**
2355 S. Beulah Blvd.
Tel. 928-774-2225
www.comfortinn.com/hotel/az080

● **Days Inn Flagstaff I-40**
2735 S. Woodlands Village Blvd.
Tel. 928-779-1575
www.wyndhamhotels.com

● **Doubletree by Hilton**
1175 E. Route 66
Tel. 928-773-8888
www.doubletreeflagstaff.com

● **Hilton Garden Inn Flagstaff**
350 W. Forest Meadowa Street
Tel. 928-226-8888
www.flagstaff.hgi.com

● **Holiday Inn Espress Flagstaff**
2320 E. Lucky Lane
Tel. 928-714-1000
www.hiflagstaff.com

● **Quality Inn I-40 & I17**
2000 S.Milton Road
Tel. 928-774-6423

● **Super 8 West**
602 W. Route 66
Tel. 928-774-4581
www.flagstaff.super8com

● **Grand Canyon Int. Hostel**
19 S. San FranciscoStreet
Tel. 928-779-9421
www.grandcanyonhostel.com

Campgrounds
- in 86001 Flagstaff

● **Black Barts RV Park**
2760 E. Butler Ave.
Tel. 928-779-1912
www.blackbartsrvpark.com
Ganzjährig geöffnet. 178 RV und sieben Zelt-Stellplätze. Full Hook-up, Duschen, Toiletten, Laundry.

● **Flagstaff KOA Campground**
5803 N. Hyw. 89
Tel. 928-526-3524
www.flagstaffkoa.com
Ganzjährig geöffnet. 185 RV und acht Zelt-Stellplätze, Kabins. Full Hook-up, WLAN, Duschen, Toiletten, Laundry.

● **J and H RV Park**
7901 N. Hyw. 89
Tel. 928-526-1829
www.flagstaffrvparks.com
Geöffnet vom 01.05. bis 15. 10., 51 RV-Stellplätze. Full Hook-up, WLAN, Duschen, Toiletten, Laundry.

Grand Canyon NP South Rim von A bis Z

Apotheken
- im Nationalpark
• Health Center Pharmacy
1 Clinic Road
Tel. 928-638-2551
Mo bis Fr. von 08:00 bis 17:00 Uhr.

- in 86001 Flagstaff
• Walgreens Flagstatt Pharmacy
1025 S. Milton Rd.
Tel. 928-779-9588
• Walgreens Flagstatt Pharmacy
1500 E. Cedar Ave.
Tel. 928-773-1155
• Walmart Pharmacy
2750 S Woodlands Village Blvd,
Tel. 928-773-1155

ATM Geldautomaten
- im Nationalpark
• Chase Bank
Market Plaza
• Yavapai Lodge (in der Lobby)
11 Yavapai Lodge Rd.

- in 86046 Valle
• The Valle Travel Shop
317 South State Route 64

- in 86001 Flagstaff
• Wells Fargo Bank
2700 S Woodlands Village Blvd.
Tel. 928-556-0601
• Wells Fargo Bank
21201 S Plaza Way

• Wells Fargo Bank
1200 S Milton Rd.
Tel. 928-214-2480

Auto-Service
- im Nationalpark
• Public Garage
Grand Canyon Village
Tel. 928-638-2631

- in 86001 Flagstaff
• Sandoval's Auto Repair
999 N Grand Canyon Blvd
Tel. 928-635-1934
• JJS Auto Repair
808 E Route 66
Tel. 928-635-3973
• Flagstaff Auto Repair Inc
3830 E Huntington Dr
Tel. 928-526-9159
• Soto Brothers Tires
4025 E Huntington Dr
Tel. 928-433-4931
• Northern Arizona Tires
5381 N Dodge Ave
Tel. 928-225-3700

- in 86046 Williams
• Sandoval's Auto Repair
999 N Grand Canyon Blvd
Tel. 928-635-1934
• JJS Auto Repair
808 E Route 66
Tel. 928-635-3973
• Grand Canyon Garage
499 Linger Ln
Tel. 888-456-3831
• Eddie's Tire Station
132 E Railroad Ave
Tel. 928-635-2531

Air Tours
- in 86023 Tusayan
● **Grand Canyon Airlines**
3555 Airport Rd.
Tel. 928-638-2407
www.grandcanyonairlines.com
● **Grand Canyon Helicopters**
Grand Canyon Airport South Rim
Tel. 928-638-2764
www.grandcanyonhelicopter.com
● **Papillon Helicopters**
3568 Airport Rd.
Tel. 928-638-2419
www.papillon.com
● **Maverick Helicopters**
AZ Hwy 64
Tel. 928-638-2622
www.maverickhelicopter.com
● **Paragon Skydive**
3551 Airport Rd.
Tel. 928-224-9661
www.paragon-skydive.com

Banken
- im Nationalpark
● **Chase Bank**
Market Plaza
Tel. 928-638-2437

- in 86001 Flagstaff
● **Chase Bank**
4830 N US Highway 89
Tel. 928-779-7351
● **Bank of America**
2 S Beaver St
Tel. 928-286-5719
● **Wells Fargo Bank**
1200 S Milton Road
Tel. 928-214-2480
● **National Bank of Arizona**
501 E Butler Ave
Tel. 928-214-3400

● **Sunwest Bank**
121 E Birch Ave
Tel. 928-213-8888

- in 86046 Williams
● **National Bank of Arizona**
314 W Route 66
Tel. 928-635-7540
● **Wells Fargo Bank**
2700 S Woodlands Village Blvd
Tel. 928-556-0601

Bibliothek
- in 86001 Flagstaff
● **Flagstaff City Public Libary**
300 W. Aspen Ave.
Tel. 928-213-2330
www.flagstaffpubliclibary.org

Fahrradverleih
- im Nationalpark
● **Bright Angle Bicycles**
Beim Visitor Center am Mother Point
Tel. 928-638-3055
reservations@bikegrandcanyon.com
www.bikegrandcanyon.com

Flugplätze
- in 86023 Tusayan
● **Grand Canyon Airport**
871 Liberator Dr.
Tel. 928-638-2446

- in 86046 Valle
● **Valle Airport**
555 S State Route 64
Tel. 928-635-5280
info@valleairport.com
www.valleairport.com

- in 86005 Flagstaff
- Flagstaff Airport

6200 S Pulliam Dr.

Tel. 928-556-1234

www.flagstaff.az.gov/?NID=1541

Guides & Outfitters
- in 86001 Flagstaff
- All-Star Grand Canyon Tours

Tel. 928-814-8887

www.allstargrandcanyontours.com
- Eaglerider Flagstaff and Sedona

800 W. Route 66

Tel. 928-637-6575

www.route66rider.com
- Four Season Guides

Tel. 877-272-5032

www.allstargrandcanyontours.com

IMAX Kino
- in 86023 Tusayan
- National Geographic IMAX

450 AZ Hwy. 64

Tel. 928-638-2203

www.explorethecanyon.com

Geöffnet:

Sommer von 08:00 bis 22:00 Uhr,

Winter von 10:00 bis 20:00 Uhr

Lebensmittel
- im Nationalpark
- Canyon Village Market

Market Plaza

Täglich geöffnet
- Desert View Trading Post

General Store

Täglich geöffnet

- in 86023 Tusayan
- Tusayan General Store

577 AZ-64

Tel. 928-638-2854

- in 86020 Cameron
- Simpson's Market

Highway 89 & AZ-64

Tel. 928-679-2281

- in 86001 Flagstaff
- Albertsons

1416 E Route 66

Tel. 928-773-7955
- Safeway

1201 S Plaza Way

Tel. 928-779-3401
- Walmart Supercenter

2601 E Huntington Dr

Tel. 928-774-3409

- in 86046 Williams
- Safeway

637 W Route 66

Tel. 928-635-0500

Medizinische Versorgung
- im Nationalpark
- North Country Community Health Center

1 Clinic Road

Tel. 928-638-2551

www.northcountryhealthcare.org

Memorial Day bis Labor Day täglich von 09:00 bis 18:00 Uhr.

Labor Day bis Memorial Day Mo bis Fr. von 08:00 bis 17:00 Uhr.

- in 86001 Flagstaff
- **North Country Community Health Center**
2920 N 4th Street
Tel. 928-522-9400
www.northcountryhealthcare.org
Mo bis Fr. von 07:00 bis 19:00 Uhr,
Sa von 08:00 bis 17:00 Uhr
- **North Country Community Health Center**
1120 W University Ave, Suite 101
Tel. 928-522-1300
www.northcountryhealthcare.org
Mo bis Fr. von 07:00 bis 18.00 Uhr
- **Flagstaff Medical Center**
1200 N. Beaver Street
Tel. 928-779-3366
www.nahealth.com

- in 86046 Williams
- **North Country Community Health Center**
301 S 7th Street
Tel. 928-635-4441
www.northcountryhealthcare.org
Mo bis Fr. von 08:00 bis 17:00 Uhr.

Museen
- im Nationalpark
- **Yavapai Geology Museum**
Tel. 928-638-7888
- **Tusayan Museum and Ruins**
Tel. 928-638-7888
- **Kolb Studio**
Tel. 928-638-7888

- in 86046 Valle
- **Planes of Fame Museum**
755 Mustang Way
Tel. 928-635-1000
www.planesoffame.org

- in 86001 Flagstaff
- **Pioneer Museum**
2340 N. Fort Valley Road
Tel. 928-774-6272
www.arizonahistoricalsociety.org
- **Museum of Northern Arizona**
3101 N. Ft. Valley Rd
Tel. 928-774-5213
www.musnaz.org

Post
- im Nationalpark
- **Grand Canyon Post Office**
Market Plaza
100 Mather Business Center
Tel. 928-638-2512
Ganzjährig, werktags von 9:00 bis 16:30 Uhr und Samstags 11:00 bis 13:00 Uhr

- in 86020 Cameron
- **US Post Office**
465 Highway 89

- in 86046 Williams
- **US Post Office**
120 S 1st Street

Tankstellen
- im Park
- **Chevron**
1700 Desert View Nähe E Rim Dr.
Treibstoff inkl. Diesel mit Kreditkarte rund um die Uhr.

- in Tusayan
- **Texaco**
11 AZ Hwy. 64
Tel. 928-638-2608

- in 86046 Valle
● Chevron
317 South State Route 64

- in 86020 Cameron
● Speedy's Truck Stop
101 US Hwy.89 Nähe AZ Hyw.64
● Gap Express
MM 498 US Hwy.89 Nähe US Hwy. 89T

- in 86001 Flagstaff
● Speedi Car Wash und Fuels
915 S Milton Road Nähe Riodan Rd
● Sam's Club
1851 E Butler Ave
● Giant
1205 S Milton Road & Plaza Way
● Conoco
101 E Butler Ave & San Francisco St
● Safeway
1490 E Cedar Ave & N West St

- in 86046 Williams
● Chevron
1050 N Grand Canyon Blvd
● Shell
2590 W Route 66
● Shell
99 N Grand Canyon Blvd

Visitor Center
- im Park
● Grand Canyon Visitor Center
Tel. 928-638-3055
Im Sommer von 08:00 - 18.00 Uhr
im Winter von 08:00 - 17:00 Uhr
● Desert View Information Center
Im Sommer von 09:00 - 17:00 Uhr
● Verkamp's Visitor Center
Im Sommer von 08:00 - 18:00 Uhr

- in 86023 Tusayan
● National Geographic Visitor Center
450 AZ Hwy. 64
Tel. 928-638-2203
www.explorethecanyon.com
Geöffnet:
Sommer von 08:00 bis 22:00 Uhr,
Winter von 10:00 bis 20:00 Uhr

- in 86001 Flagstaff
● Flagstaff Visitor Center
One E. Route 66 (Histor. Bahnhof)
Tel. 928-213-2951
visitorcenter@flagstaffaz.gov
www.flagstaffarizona.org
Geöffnet: Mo-Sa von 08:00 - 17:00 Uhr,
So. von 09:00 - 16:00 Uhr

Waschsalons
- im Nationalpark
● Campers Service (Waschma-schinen, Duschen und Dumping)
Mother Campground

„Wasser-Tankstellen"
- im Nationalpark
● Hermits Rest
● Bright Angel Trailhead
● South Kaibab Trailhead
● Canyon Village Marketplace
● Desert View Marketplace
● Yavapai Geology Museum
● Grand Canyon Visitor Center
● Verkamp's Visitor Center
● Desert View Visitor Center
● Maswik Lodge (in der Cafeteria)

Inner Canyon

Colorado River Touren
Nasse Abenteuer

Die folgenden Anbieter veranstalten drei- bis achtzehntägige Raftingtouren auf dem Colorado River durch den Grand Canyon Nationalpark. Meist geht es von Lees Ferry nach Diamond Creek (rund 226 Flussmeilen / 364 km). Die von April bis Oktober angebotenen Touren müssen unbedingt weit im voraus reserviert werden!

Aramark Wilderness River Adventure
PO Box 717, Page, AZ 86040
Tel. 800-992-8022 oder 928-645-3296
info@rideradventures.com
www.rideradventures.com

Arizona River Runners, Inc.
PO Box 47788, Phoenix 85068-7788
Tel. 800-477-7238 oder 602-867-4866
info@raftarizona.com
www.raftarizona.com

Canyon Explorations
675 W Clay Ave, Flagstaff, AZ 86002
Tel. 800-654-0723 oder 928-774-4559
rivertrips@canyonexplorations.com
www.canyonexplorations.com

Canyoneers, Inc.
PO Box 2997, Flagstaff, AZ 8600
Tel. 800-525-0924 oder 928-526-0924
www.canyoneers.com

Colorado River a. Trail Expeditions
PO Box 57575, Salt Lake City,
Tel. 800-253-7328 oder 801-261-1789
crate@crateinc.com
www.cratinc.com

Sich gemütlich treiben lassen...

Grand Canyon Discovery
4050 E Huntington Dr, Flagstaff, AZ
Tel. 800-786-7238 oder 928-526-8200
info@azraft.com
www.grandcanyondiscovery.com

OARS Grand Canyon Dories
1802 W Kaibab Lane, Flagstaff AZ
Tel. 928-714-7936 oder 855-541-4797
reservation@oars.com
www.oars.com

Grand Canyon Expeditions
PO Box 0, Kanab, UT 84741
Tel. 800-544-2691 oder 435-644-2691
www.gcex.com

Grand Canyon Whitewater, LLC
PO Box 2848, Flagstaff, AZ 86003
Tel. 800-343-3121 oder 928-779-2979
info@grandcanyonww.com
www.grandcanyonwhitewater.com

Hatch River Expeditions, Inc.
5348 E Burris Ln. Flagstaff, AZ 86004
Tel. 800-856-8966 oder 928-526-4700
www.hatchriverexpeditions.com

Outdoors Unlimited
6900 Townsend Winona Rd. Flagstaff,
Tel. 800-637-7238 oder 928-526-4546
raft@outdoorsunlimited.com
www.outdoorsunlimited.com

Tour West, Inc.
PO Box, 333, Orem, UT 84059
Tel. 800-453-9107 oder 801-225-0755
www.twriver.com

Western River Expeditions, Inc.
7258 Racquet Club Dr. Salt Lake City
Tel. 866-904-1160 oder 801-942-6669
www.westernriver.com

... oder ein feucht-fröhliches Abenteuer erleben. Beides ist möglich.

Tief im Canyon
Ganz weit unten...

Drei regelmäßig gewartete Wege füh-
ren die Wanderer tief in den Grand Ca-
nyon hinein. Die Ranger bezeichnen
sie scherzhaft auch als „Corridor-
Highways".
Im Einzelnen sind dies der
Bright Angel Trail
Von der South Rim bis Phantom
Ranch: 15,9 km. Wasserstellen an den
Resthouses und in Indian Garden.
Siehe auch Seite 54.
South Kaibab Trail
Von der South Rim bis Phantom
Ranch: 11,4 km. Keine Wasserstellen,
Steiler als Bright Angel Trail. Siehe
auch Seite 57.
North Kaibab Trail
Von der North Rim bis Phantom Ranch:
23 km. Trinkwasser in den Sommermo-
naten am Supai Tunnel, bei Roaring
Springs, an der Manzanita Rest Area
und am Cottenwood Campground.
Siehe auch Seite 100.

Daraus ergeben sich folgende Kombi-
natiosmöglichkeiten. Über den kürzeren South Kaibab Trail bis zur Phantom

> ### Transcanyon Shuttle
> Für diejenigen, die den Grand Ca-
> nyon auf voller Breite durchqueren
> und sich den mühevollen Rückweg
> nicht antun wollen, ist der von Mitte
> Mai bis Mitte Oktober zwischen
> North und South Rim verkehrende
> Transcanyon Shuttle Bus vielleicht
> eine Lösung.
> Info und Reservierung:
> Tel. 928-638-2820
> ***www.trans-canyonshuttle.com***

Ranch/Bright Angel Campground, dort
übernachten und über den weniger
steilen Bright Angel Trail zurück zur
South Rim.

Oder man steigt über South Kaibab
oder Bright Angel Trail in den Canyon
hinein, übernachtet in der Phantom
Ranch/Bright Angel Campground und
verlässt den Canyon über den North
Kaibab Trail. Mit einem Shuttlebus
(s.o.) gelangt man zurück zur South
Rim. Diese Variante ist auch in umgekehrter Richtung reizvoll.

Eine weitere Alternative wäre es den
South Kaibab Trail bis zum Tip Off hinunter zu wandern, von dort über den

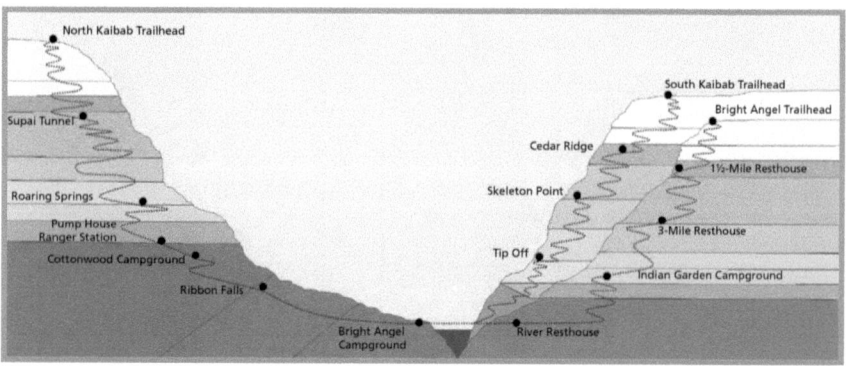

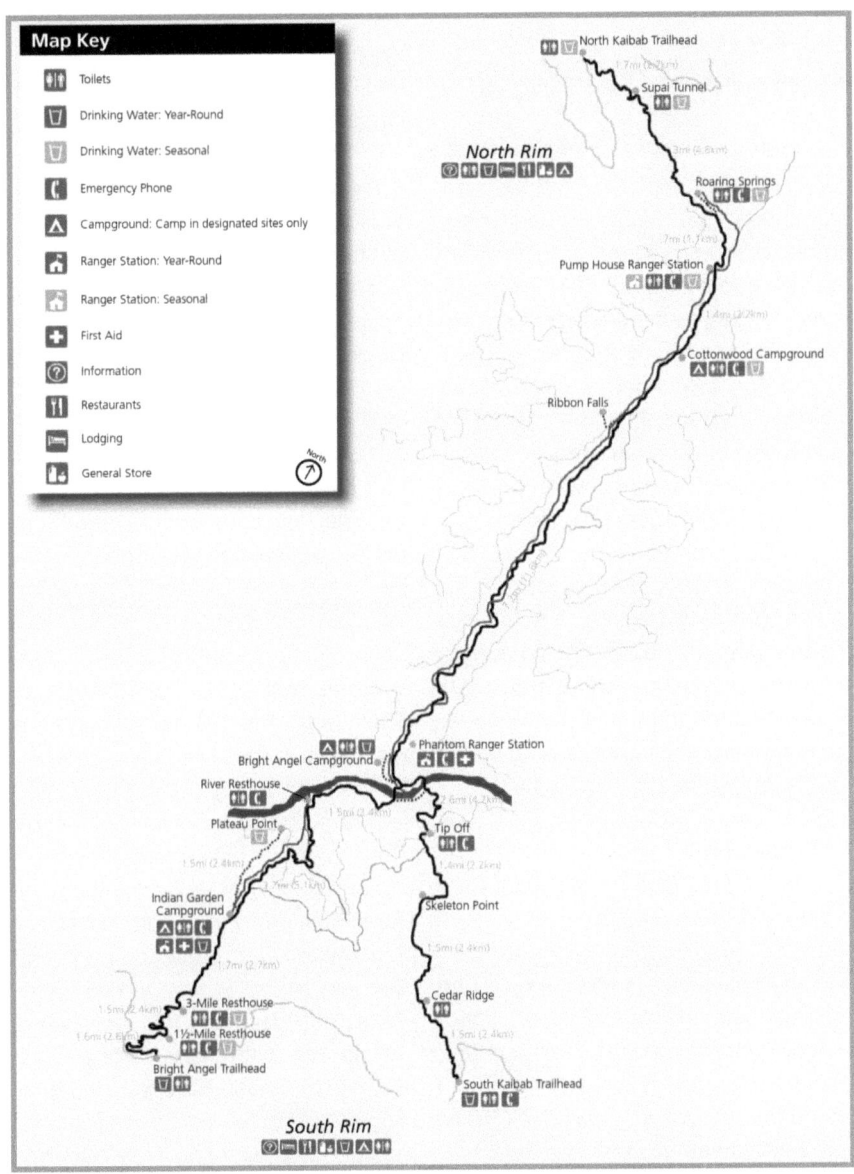

Map Key

Toilets	
Drinking Water: Year-Round	
Drinking Water: Seasonal	
Emergency Phone	
Campground: Camp in designated sites only	
Ranger Station: Year-Round	
Ranger Station: Seasonal	
First Aid	
Information	
Restaurants	
Lodging	
General Store	

Tonto Trail quer zum Hang bis zum Indian Garden. Dort im Zelt auf dem Campground übernachten und dann zurück zur South Rim über den Bright Angel Trail.

Der NPS warnt aber ausdrücklich davor, an nur einem Tag in den Canyon bis zum Colorado River und zurück zu wandern. Bei den extremen Sommertemperaturen kann ein derartiges Abenteuer selbst für durchtrainierte Wanderer gefährlich werden.

Trails im inneren Canyon

Die vorgestellten Trails sind sehr anstrengend und nichts für Anfänger. Trinkwasser gibt es nur in Indian Garden. Ansonsten muss man auf Quell- bzw. Flußwasser zurückgreifen, das aber vor dem Trinken unbedingt entsprechend behandelt werden muss. Das Wasser aus dem Horn Creek ist durch die Lost Orphan Uranmine radioaktiv kontaminiert und sollte nur in extremen Notfällen genutzt werden.

Camping ist im Inner Canyon nur mit einem entsprechenden Permit des Grand Canyon Backcountry Information Center erlaubt (siehe Seite 60). Hier bekommt man auch fundierte Informationen über den Zustand der Trails und der Wasserversorgung.

● Tanner Trail
Trailhead: Am Lipan Point (South Rim)
Länge: 9 Meilen (14 km)
Der Trail wird von vielen erfahrenen Wanderen als der anstrengendste und schwierigste im Grand Canyon Nationalpark angesehen. Der Trailhead (auf 2.240 m Höhe) liegt kurz vor dem Lipan Point an der Desert View Drive. Über ein Felsplateau gelangt man zum Tanner Canyon, in dem es nun in einer Reihe von Serpentinen sehr steil und felsig abwärts geht. Nach 3,5 Meilen (5,6 km) sind auf einer Höhe von 1.740 m die Cardenas Butte erreicht. Nun führt der Weg über ein mit Felsbrocken übersätes Plateau in Richtung Norden. Am Ende des Plateaus geht es wieder

steil bergab. Der Trail folgt nun der Westseite des Tanner Canyons hinunter bis zum Colorado River, der nach 14 km erreicht wird.

● Beamer Trail
Trailhead: Tanner Creek
Länge: 9,1 Meilen (14,7 km)
Der Weg beginnt am Ende des Tanner Trails, dort wo der Tanner Creek in den Colorado River mündet. Von hier folgt der Beamer Trail dem Colorado stromaufwärts in Richtung Norden bis zum Zusammenfluss mit dem Little Colorado River. Östlich des Weges befindet sich die Palisades of the Desert, eine bis zu zweitausend Meter hohe Klippe, die den oberen Teil der Felsschichten des Canyons darstellt.

● Tonto Trail
Trailheads: Am Garnet Canyon und Red Canyon
Länge: 70 Meilen (113 km)
Der Tonto Trail beginnt am Südufer des Colorado River am Gernet Canyon und verläuft fast 70 Meilen entlang der Tonto Plattform, die die innere Schlucht vom oberen Canyon trennt, bis zu Red Canyon, ebenfalls am Colorado River. Dabei trifft der Trail, der meist nur in Teilstücken begangen wird, auf den Hermit Trail (siehe Seite 58), den Bright Angel Trail bei Indian Garden (Seite 54) und den South Kaibab Trail. Auch vom Grandview Trail (Seite 59) ist der Tonto Trail erreichbar. Die genannten Verbindungswege führen alle zur Canyon South Rim.

Am östlichen Ende (Red Canyon) trifft der Tonto Trail auf die Escalante Route, die noch weiter in Richtung Osten führt

Auf den abgelegenen Trails des Inner Canyon, wie hier auf dem Tonto Trail, findet der Wanderer noch die absolute Einsamkeit.

und am Unkar Creek auf den Tanner und den Beamer Trail trifft.

Der „The Tipoff" genannte Abschnitt zwischen Bright Angel Trail und South Kaibab Trail (4,6 Meilen/7,4 km), ist das am stärksten frequentierte Stück des Tonto Trails. Weniger benutzte Abschnitte können besonders im Frühling zugewachsen und damit nur schwer zu lokalisieren sein.

● **Escalante Route**
Länge: 12 Meilen (19,2 km)
Trailheads: Tanner Rapids im Osten und Hance Rapids im Westen.
Die Escalante Route ist ein „natürlicher", also nicht angelegter Wanderweg. Er verbindet das Ende des Tanner Trails mit dem New Hance Trail. Der Weg führt parallel zum Colorado River, größtenteils entlang des Ufers, aber

auch bis zu 300 Höhenmeter über dem Fluß. Der Blick auf die Stromschnellen ist atemberaubend. Man sieht viele Wasservögel und mit ein wenig Glück auch Biber. Ab und an muss der Wanderer ein wenig klettern. Wandert man Flußabwärts, so muss man kurz vor den Hance Rapids noch eine ca. 12 Meter hohe Klippe überwinden. Das Klettern ist einfach, aber man darf sich hier in der Einsamkeit keinen Fehler erlauben. Ein Seil hilft dabei, den Rucksack zu handeln. Wer das Klettern scheut, kann die Klippe auch hangaufwärts umgehen.

Phantom Ranch
Eine Oase in der Wildnis

Die Phantom Ranch ist eine 1922 mit enormem Aufwand erbaute Lodge tief unten im Grand Canyon. Alle Baumaterialien, mit Ausnahme der reichlich vorhandenen Steine, mussten von Maultieren an den abgelegenen Platz am Bright Angel Creek transportiert werden. Bis heute hat sich die Phantom Ranch ihren urigen rustikalen Stil erhalten.

Auf dem Gelände der Ranch befinden sich neben der eigentlichen Lodge auch Cabins, Schlafsäle für Männer und Frauen, die Canteen (Restaurant), ein Muli-Corral, eine Rettungsstation, der Bright Angel Campground und ein Hubschrauberlandeplatz. Die Cabins sind von unterschiedlicher Größe und für zwei bis 10 Personen ausgelegt. Sie sind mit fließendem Wasser (kalt) und einer Toilette ausgestattet. Handtücher, Bettwäsche und Seife werden gestellt. Duschen und warmes Wasser gibt es in einem zentralen Badehaus. Darüberhinaus kann man in jeweils zwei Schlafsälen für Männer und Frauen übernachten. Jeder Schlafsaal verfügt über fünf Etagenbetten, eine Dusche und eine Toilette. Bettwäsche und Handtücher sind auch hier für jeden Gast vorhanden. Kinder müssen mindestens 6 Jahre alt sein, um in einem Schlafsaal zu übernachten.

Sämtlich Lebensmittel im Angebot der Canteen müssen aufwendig herangeschafft werden.

Nachdem an Ostern 1964 fast 1000 Menschen hier übernachten wollten, hat der NPS ein Reservierungssystem eingerichtet. Aber auch damit waren die freien Übernachtungsplätze schon nach kürzester Zeit ausgebucht - bis zu 13 Monate im voraus.

Ab 2019 soll mit Hilfe eines neuen Lotteriesystems alles besser werden. Anträge müssen nun frühzeitig online (www.grandcanyonlodges.com) und zwar zwischen dem 1. und 25. des 15. Monats (!!!) vor dem gewünschten Aufenthaltsmonat eingereicht werden. Im folgenden Monat bearbeiten die Mitarbeiter die Anträge und informieren die Gewinner der Lotterie. Ein wenig Glück gehört also zukünftig dazu. Nicht vergebene Termine können dann ab zwölf Monaten vor der Reise online frei gebucht werden (Siehe Tabelle unten).

Die Canteen der Phantom Ranch kann auch von Nutzern des Bright Angel Campgounds besucht werden. Jedoch müssen auch alle gewünschten Mahlzeiten frühzeitig reserviert werden (Tel. 303-297-2757). Im Angebot sind: Frühstück, im Sommer

um 05:00 und 06:30 Uhr	22,50 $
Lunch Paket	14,50 $
Abendessen:	
Steak, 17:00 Uhr	44,72 $
Eintopf, 18:30 Uhr	27,45 $
Vegetarisch, 18:30 Uhr	27,45 $

Die angegebenen Zeiten müssen eingehalten werden. Während der Mahlzeiten ist die Canteen geschlossen.

Der Bright Angel Campground, weniger als 1 km von der Phantom Ranch entfernt, bietet 32 Zeltplätze. Es gibt eine Ranger Station, Toiletten und ganzjährig Trinkwasser. Da auch der Camp-

Phantom Ranch Reservierung-Lotterie
ab dem 1. Januar 2019

Monat des Aufenthalts	Antragsabgabe	Bearbeitung u. Versand d. Bestätigungen	Freigabe nicht vergebener Termine ab
Januar 2019	1. - 25. Nov. 2017	Dezember 2017	2. Januar 2018
Februar 2019	1. - 25. Dez. 2017	Januar 2018	1. Feb. 2018
März 2019	1. - 25. Jan. 2018	Februar 2018	1. März 2018
April 2019	1. - 25. Feb. 2018	März 2018	1. April 2018
Mai 2019	1. - 25. März 2018	April 2018	1. Mai 2018
Juni 2019	1. - 25. April 2018	Mai 2018	1. Juni 2018
Juli 2019	1. - 25. Mai 2018	Juni 2018	1. Juli 2018
August 2019	1. - 25. Juni 2018	Juli 2018	1. August 2018
September 2019	1. - 25. Juli 2018	August 2018	1. Sept. 2018
Oktober 2019	1. - 25. Aug. 2018	Sept. 2018	1. Okt. 2018
November 2019	1. - 25. Sept. 2018	Okt. 2018	1. Nov. 2018
Dezember 2019	1. - 25. Okt. 2018	Nov. 2018	1. Dez. 2018

Infos und Reservierungen: *www.grandcanyonlodges.com*
Und täglich von 07.00 bis 19.00 Uhr unter Tel. 303-297-2757

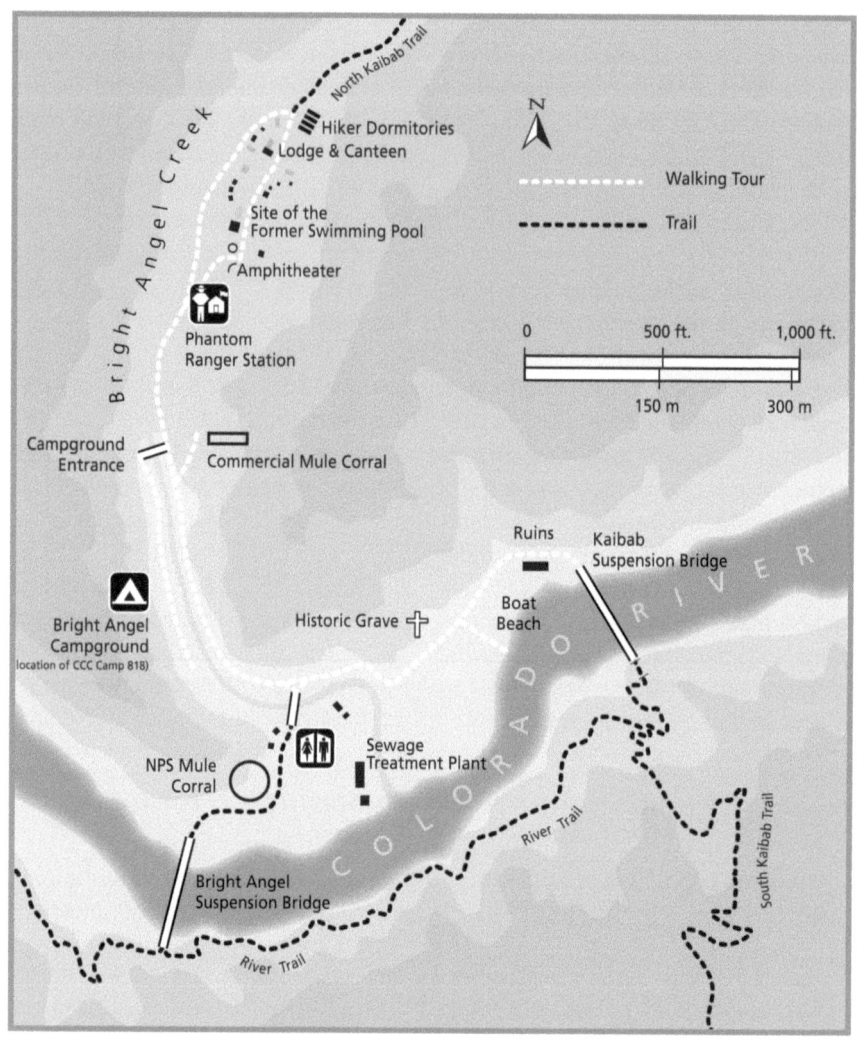

ground sehr beliebt ist, empfiehlt es sich frühzeitig zu reservieren: Grand Canyon Nationalpark Backcountry Reservierungsbüro, Postfach 129, Grand Canyon, AZ 86023 oder per Fax: 928-638-2125

Die Phantom Ranch liegt auf einer Höhe von rund 750 Metern und damit 1.500 m tiefer als die South Rim und 1.800 m tiefer als die North Rim. Entsprechend unterschiedlich ist auch das Klima. So wurden in den Monaten Juni, Juli und August schon Temperaturen von bis zu 49° C gemessen. Es ist sinnvoll, sich vor dem Abstieg beim NPS Backcountry Information Center über die aktuellen Gegebenheiten zu informieren.

Übrigens, Briefe und Postkarten, die von der Phantom Ranch aus abgeschickt werden, erhalten den sehr dekorativen Stempel "Mailed by Mule from the Bottom of the Grand Canyon".

North Rim

North Rim
Die andere Seite

Nur rund 10% der jährlich bis zu sechs Millionen Grand Canyon Besucher fahren zur North Rim. Ein Grund dafür mag die bedeutend kürzere Reisesaison zu sein. Wetterbedingt sind die Einrichtungen der North Rim nur von Mitte Mai bis Mitte Oktober geöffnet. Dabei hat auch der rund 300 Meter höher gelegene nördliche Teil allerhand zu bieten und ist mindestens genauso eindrucksvoll und schön wie die South Rim - aber anders.

Das Klima an der North Rim unterscheidet sich gewaltig von dem auf der anderen Seite oder im Inner Canyon (siehe Seite 14). Die Niederschläge sind hier, auf durchschnittlich 2.400 Metern Höhe, bedeutend stärker und auch die Temperaturunterschiede zwischen den Jahreszeiten sind größer. Dadurch ist die Erosion ausgeprägter, der Canyon Rand zerklüfteter als an der South Rim.

Auch die Flora an der North Rim wurde vom Klima geprägt. Ausgedehnte Kiefernwälder und sattgrüne Wiesen empfangen den Besucher und erinnern an eine Fahrt durch den heimischen Schwarzwald. Aber die gelben Mittelstreifen auf der Straße und die Büffel, die in den Morgen- und Abendstunden auf den Wiesen grasen, sind Realität.

● Anreise

North und South Rim des Grand Canyons sind etwa 16 km Luftlinie voneinander entfernt. Wanderer müssen zwischen den beiden oberen Kanten der Schlucht rund 34 km zurücklegen

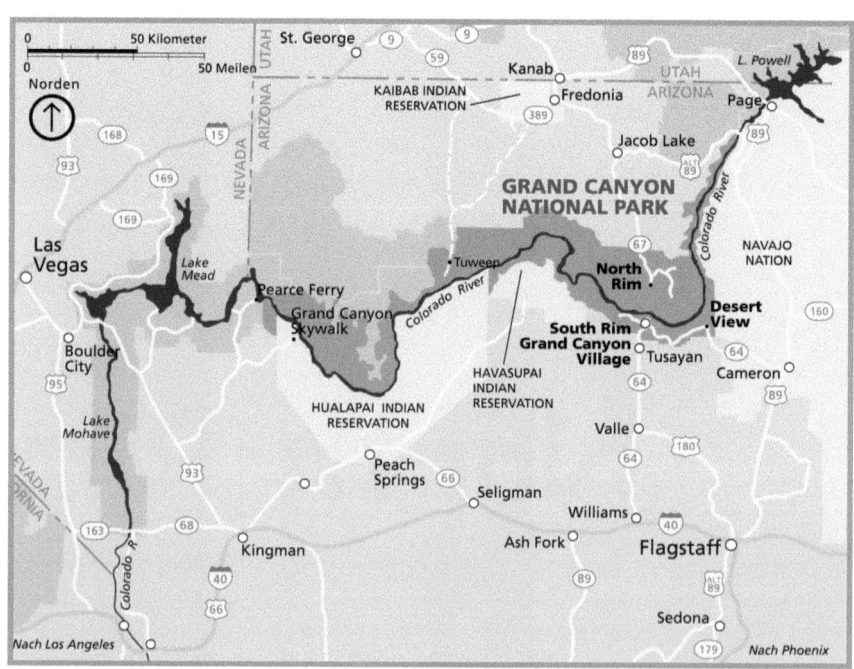

und sollten dafür mindestens zwei Tage einplanen (Empfehlung des NPS). Mit dem Auto dauert die Fahrt zwischen der South und North Rim um die fünf Stunden und man fährt dabei eine Strecke 354 km. Von den Ortschaften Page, AZ (132 Meilen/212 km) oder Kanab, UT (85 Meilen/137 km) erreicht man die North Rim über den US 89 A und biegt dann bei Jacob Lake für die letzten 43 Meilen auf den Highway 67 ab. Diese Zufahrt ab Jacob Lake kann zwischen November und Mitte Mai gesperrt sein. Von Mai bis November wird zwischen der South und North Rim ein Shuttlebus eingesetzt. Eine Reservierung ist unbedingt erforderlich (siehe auch Seite 86).

● **North Rim Visitor Center**

Entsprechend den gerigeren Besucherzahlen ist das Visitor Center an der Nord Rim kleiner als das gegenüberliegende Pendant. Trotzdem sind die Mit-

arbeiter nicht minder motiviert. Auch hier erhält man Infos über das Wetter, die verschiedenen Rangerprogramm und die Wanderwege. Eine kleine Ausstellung und ein Souvenirshop der Grand Canyon Association ist angeschlossen. Toiletten und Trinkwasser. Geöffnet von 08:00 bis 18:00 Uhr.

● **Grand Canyon Lodge**

Die Lage am heutigen Bright Angel Point, einer Landzunge zwischen dem Roaring Springs Canyon und einer weiteren Seitenschlucht mit Namen The Transept war und ist perfekt. Hier erbaute der Architekt Gilbert S. Underwood von 1927 bis 1928 für eine Tochtergesellschaft der Union Pacific Railroad die Grand Canyon Lodge. Erst 1917 also rund 30 Jahre nach der South Rim war auch die nördliche Kante des Grand Canyons touristisch erschlossen worden.

Wie ein Adlernest schmiegt sich die Grand Canyon Lodge an die North Rim des Grand Canyon.

Auf der großzügigen Sonnenterasse der Lodge mit dem imposanten offenen Kamin aus Natursteinen, kann man wunderbar relaxen und den herrlichen Ausblick in den Grand Canyon geniessen.

Neben dem u-förmig angelegten Haupthaus der Lodge entstanden damals schon 20 Luxus und 100 Standard Cabins. Beim Bau der Lodge und auch bei den Cabins wurden vornehmlich der reginale Kaibab-Sandstein und hier wachsende Ponderosakiefern verwendet. Das Mauerwerk gestaltet Underwood derart, dass es an der Schluchtkannte teilweise wie natürlicher Fels wirkt.

1932, inzwischen waren noch weitere Cabins gebaut, gab es einen herben Rückschlag. Ein Feuer, das im Keller der Lodge ausbrach, zerstörte das komplette Hauptgebäude und zwei angrenzende Cabins. Erst 1936/37 konnte die Gebäude mit einem leicht modifiziertem, aber dennoch rustikalem Design wieder aufgebaut werden. Die Grand Canyon Lodge hat ihren Cha-

rakter bis heute erhalten. Die Cabins gibt es nun in drei verschiedenen Kategorien - alle ohne TV. Die hufeisenförmig angelegte Lodge liegt leicht bergab am Rand des Canyons und ist Zentrale des gesamten Komplexes. Betritt man das Gebäude durch die mittig gelegene Lobby, gelangt man nach rechts in den rustikalen doch stilvollen Speisesaal. Die Natursteinwände und die sichtbaren Decken- balken, in Verbindung mit dem grandiosen Ausblick durch die riesigen Fenster des Restaurants, lassen spontan ein Wohlfühlgefühl aufkommen. Qualität und die Zubereitung der Speisen sind auf einem hohen Niveau, wie auch der Service (Tipp: Die Lees Ferry Trout war jeden Dollar wert!).

Von der Lobby aus betritt man auch den nach Süden ausgerichteten Sun Room. Selbst bei Regen kann man von hier die Aussicht auf den Canyon durch die großen Fenster geniessen. Die Sonnenterasse mit dem mächtigen Natursteinkamin ist bei trockenem Wetter ein beliebter Treffpunkt.

Im westlichen Flügel der Lodge ist für den kleinen Hunger zwischendurch das Deli in the Pines untergebracht. Auf der gegenüberliegenden Seite der Rough rider Salon, wo Bier, Wein und Cocktails ausgeschenkt werden, mit einem integrierten Coffee Shop.

Am 28. Mai 1987 wurde die Lodge zur National Historic Landmark erklärt. Bereits fünf Jahre vorher, am 2. September 1982 nahm man sie in das National Register of Historic Places auf.

● North Rim Campground (NPS)

Der Campground, rund 2 km von der Grand Canyon Lodge entfernt, liegt auf eine Höhe von 2.535 m über NN. Das heißt, es kann auch in den Sommermonaten nachts noch kühl werden. Die 78 Stellplätze für Wohnmobile und Trailer, sowie die zusätzlichen Zeltplätze, liegen unter schattenspendenden Bäumen und bieten teilweise eine sensationellen Ausblick auf den Canyon.

Die Stellplätze verfügen über keine Hook-ups, aber eine zentrale Dumping Station befindet sich an der Zufahrt. Einige Wasserstellen mit Trinkwasser, Duschen, (07:00 bis 20:00 Uhr) Toiletten und Münz-Waschmaschinen (07:00 bis 22:00 Uhr) sind vorhanden.

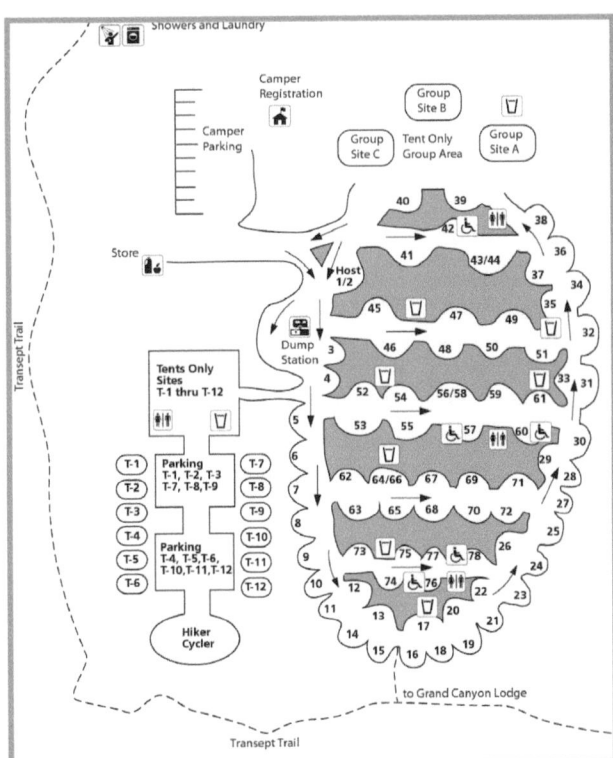

Der General Store auf dem Gelände verkauft Lebensmittel und Getränke, Souvenirs und Campingartikel von 07:00 bis 20:00 Uhr. Benzin und Diesel ist von 08:00 bis 17:00 Uhr bei der Service Station an der Zufahrtsstraße zu bekommen, die zusätzlich einen „24 hour pay at the pump Service" anbietet.

Der Campground ist vom 15.05. bis 31. 10. geöffnet. Eine frühzeitige Reservierung bis zu 6 Monaten im voraus, wird empfohlen: Tel. 877-444-6777 oder online: *www.recreation.gov*

● **North Rim Mule Rides**
Drei unterschiedliche Ausritte werden vom 15. Mai bis zum 15. Oktober täglich an der North Rim angeboten:
Einstündiger Ausritt entlang der Rim
Vormittags
Mindestalter: 7 Jahre
Höchstgewicht: 100 kg
Preis: 45 Dollar
Dreistündiger Ritt zum Uncle Jim's Point über den Ken Patrick Trail
Um 07:30 und um 12:30 Uhr
Mindestalter: 10 Jahre
Höchstgewicht: 100 kg
Preis: 90 Dollar
Dreistündiger Ritt in den Canyon bis zum Supai Tunnel
Um 07:30 und um 12:30 Uhr
Mindestalter: 10 Jahre
Höchstgewicht: 90 kg
Preis: 90 Dollar

Jeweils eine Stunde vor dem Start fährt ein Shuttlebus von der Grand Canyon Lodge zum Sattelplatz am North Kaibab Trailhead. Reservierungen unter *www.canyonrides.com* oder Tel. 435-679-8665. Vor Ort kann man sich am Canyon Trail Rides Desk in der Grand Canyon Lodge von 07:00 bis 17:00 Uhr anmelden.

● **Cape Royal Scenic Drive**
Fährt man auf der AZ 67 zurück zum nördlichen Eingang des Nationalparks geht nach etwa drei Meilen eine Stichstraße in Richtung Osten ab, die Cape Royal Road. Diese sollte nur von Fahrzeugen bis maximal 30 ft (9 Meter) be-

fahren werden. Nach der Fahrt durch den Fuller Canyon - hier wütete im Sommer 2016 ein verheerender Waldbrand nach einem Blitzeinschlag - erreicht man nach 5,4 Meilen (8,2 km) einen Abzweig, der zum 2,6 Meilen (4,2 km) entfernten Point Imperial führt, dem mit 2.638 Metern höchstgelegenen Aussichtspunkt am Grand Canyon. Neben Picknick-Tischen und Toiletten befindet sich hier auch der Trailhead zum Point Imperial Trail (siehe Seite 100).

Zurück auf der nun kurvenreichen Cape Royal Road erreicht man nach kurzer Zeit den Parkplatz Vista Encantada mit Picknicktischen und einem schönen Ausblick auf den Nankoweap Creek und die Vermilion Cliffs im Hintergrund. 1,5 Meilen oder 2,4 km weiter, am nächsten Haltepunkt, dem Roosevelt Point, führt ein kurzer Trail zu weiteren spektakulären Ausichtspunkten.

Der Walhalla Overlook gewährt nicht nur einen Blick in das innere der Schlucht - auf der gegenüberliegenden Straßenseite führt ein kurzer Weg zu den Ruinen eines Pueblos, das von den Anasazi etwa zwischen 1050 und 1150 bewohnt war.

Nach insgesamt 11 Meilen auf dem Scenic Drive ist das Ende der Straße und damit der Parkplatz (Toiletten) von Cape Royal erreicht. Ein 700 Meter langer asphaltierter Weg führt zuerst zum Angels Window und dann weiter zum Cape Royal. Das Window ist ein von der Erosion geschaffenes großes „Fenster" im Kaibab-Sandstein-Grat, auf

Angels Window - ein spektakulärer Aussichtpunkt, den man nur auf einen schmalen Grat mit einem durch Erosion geschaffenen Fenster erreicht.

dem ein schmaler Fußweg zu einem empfehenswerten Aussichtspunkt mit Blick auf den Colorado River führt.

Cape Royal ist der südlichste Aussichtspunkt an der North Rim und bietet ein gigantisches 270° Panorama. Marble Canyon, die Palisades of the Desert, die Garden Creek Area an der South Rim und vieles andere kann man von hier erkennen. Wegen der tollen Aussicht wird Cape Royal auch gerne für Hochzeitszeremonien genutzt. Hierfür ist allerdings ein Permit erforderlich.

● **North Rim Wanderungen**
- Bright Angel Point Trail
Trailhead: Parkplatz am Visitorcenter.
Länge: 0.5 Meilen (0,8 km).
Ein kurzer Spaziergang auf einem asphaltierten Weg zu einem spektakulären Aussichtspunkt mit atemberaubenden Blick in den Grand Canyon.

In einer Box am Trailhead sind Broschüren erhältlich, welche die Natur am Wegesrand erklären.

- Transept Trail
Länge: 4 Meilen (6,4 km) Roundtrip.
Der Weg führt an der Canyon Rim entlang von der Grand Canyon Lodge bis hin zum North Rim Campground.
Dauer: ca. 90 Minuten.

- Bridle Trail
Länge: 1,2 Meilen (2 km) und zurück.
Dieser Weg, auf dem auch angeleinte Hunde und Fahrräder erlaubt sind, verbindet die Grand Canyon Lodge mit dem North Kaibab Trailhead.

- Cape Royal Trail
Trailhead: An der südöstlichen Seite des Cape Royal Parkplatzes.
Länge: 0.6 Meilen (1.0 km) hin und zurück.

Der flache, gut ausgebaute Trail führt den Wanderer mit Blick in den Canyon, auf den Colorado und auf das spektakuläre Angels Window zum Aussichtspunkt Cape Royal.

- Cliff Springs Trail

Trailhead: an der Straße, etwa 800 m vor Cape Royal.

Länge: 1 Meilen (1,6 km), Rundweg.

Durch eine bewaldete Schlucht führt der Trail zu einem Felsbrocken unter einem großen Vorsprung. Die namensgebende Quelle entspringt auf der Klippenseite des Felsen. Achtung: Kein Trinkwasser!

- Ken Patrick Trail

Länge: 10 Meilen (16 km) und auf dem gleichen Weg zurück.

Man wandert durch den Wald, immer am Rand der Rim entlang, vom North Kaibab Trail Parkplatz zum Point Imperial und zurück.

- Point Imperial Trail

Trailhead: Parkplatz (Toiletten, Picknicktische) am Point Imperial.

Länge: 5,4 Meilen (8,7 km) Rundtrip.

Gut gepflegter und leichter, weil meist flacher Weg durch ein ehemaliges Waldbrandgebiet. Interessant zu sehen, wie sich die Natur nach dem Feuer im Jahre 2000 wieder erholt. Nach etwa einer Meile führt der Pfad an die Rim und bietet im weiteren Verlauf schöne Ausblicke auf den Marple Canyon, bevor es durch Wiesen und an Kiefern vorbei zurück zum Trailhead geht.

- Uncle Jim Trail

Trailhead: North Kaibab Trail Parkplatz

Länge: 4,7 Meilen (7,6 km) Rundtrip

Vom Parkplatz aus schlängelt sich der Weg durch den Wald bis zu einem Aussichtpunkt mit schönem Blick in der Grand Canyon und auf die Serpentinen des North Kaibab Trails. Der Weg wird auch von Maultiertrecks genutzt.

- Widforss Trail

Trailhead: Parkplatz am Ende der unbefestigten Straße, ca. 1,6 km abseits der Cape Royal Road.

Länge: 10 Meilen (16 km) Rundweg.

Hier trifft der Wanderer sowohl auf Wald- als auch auf Canyon-Landschaft. Eine selbsterklärende Wanderbroschüre ist am Trailhead erhältlich.

- North Kaibab Trail

Trailhead: Parkplatz am Highway 67, 2 Meilen nördlich der Grand Canyon Lodge

Länge: max. 14 Meilen (23 km) bis zum Colorado River.

Hinsichtlich Wasserversorgung und Wetter immer vorab im Visitor Center informieren!!

Der einzig erhaltene Trail von der North Rim in den Grand Canyon hinein beginnt am oberen Ende des Roaring Springs Canyons und endet an der Phantom Ranch bzw. am Colorado River. Die Gesamtstrecke ist mit einem Höhenunterschied von nahezu 1.800 m sehr anstrengend und als Tageswanderung hin und zurück auch für durchtrainierte und bestens ausgerüstete Wanderer nur bedingt zu empfehlen.

Vom Trailhead aus windet sich der Weg die ersten 1,2 km durch die Wälder der

North Rim zum Coconino Overlook. Von hier aus blickt man in den Roaring Springs Canyon und sieht die Serpentinen des North Kaibab Trails unter sich. Über diese Serpentinen geht es weiter steil hinab zum Supai Tunnel. Bis hierhin laufen übrigens auch die Maultiere der geführten Muli Rides.

Nach dem Passieren des Tunnels folgen weitere Serpentinen bis zur Red Wall Bridge. Nun ist Schwindelfreiheit angesagt. Der Weg ist recht schmal - er wurde hier regelrecht aus dem Kalkstein der Felswand herausgesprengt.

Nach 8 Kilometern bietet sich Roaring Springs für eine Pause an, da hier Wasser und auch Toiletten vorhanden sind. Ein kurzer Seitenweg führt zur der Quelle, die die Wasserstellen am North Kaibab und am Bright Angel Trail, sowie die komplette South und North Rim via Pipeline mit dem lebenswichtigen Nass versorgt.

Das steilste Stück des Weges hat man nun hinter sich. Nach insgesamt 11 km ist der Cottonwood Campground mit seinen 12 Stellplätzen erreicht. Hier gibt es Toiletten, ein Notfalltelefon und in den Sommermonaten auch Trinkwasser. Sollte die Wasserversorgung unterbrochen sein, kann man das Was-

ser des in der Nähe fliessenden Bright Angel Creek filtern und entsprechend behandeln.

Der Weg wird nun flacher und 2,5 km nach dem Campground kann man schon die Ribbon Falls hören. Der kurze Abstecher zu der kleinen Grotte, in der der Bright Angel Creek fotogen in die Tiefe stürzt, lohnt auf jeden Fall. Danach wird der Canyon enger und enger - der „The Box" genannte Streckenabschnitt und damit der Inner Canyon ist erreicht. Die schwarzen, aus 1,7 Milliarden Jahren alten Vishnu Schiefer bestehenden Wände speichern die Hitze der Sonne und verstärken sie noch. Besonders in den Sommermonaten kann es hier tagsüber unerträglich heiß werden. Man tut gut daran, den Trail so zu planen, dass man spätestens um 10:00 Uhr an der Phantom Ranch bzw. am Bright Angel Campground eintrifft.

Wer die ganze Strecke bis zum Colorado scheut, kann auch nur ein Teilstück des North Kaibab Trails erwandern. Schon die Abschnitte bis zum Coconino Overlock (2,4 km hin und zurück) oder bis zum Supai Tunnel (6,5 km hin und zurück) erlauben eindrucksvolle und atemberaubende Aussichten.

North Kaibab Trail

	Entfern.	Höhe	Extras
North Kaibab Trailhead	0	2542 m	🚰
Supai Tunnel	2,7 km	2072 m	🚰 🚻
Roaring Springs	8,0 km	1591 m	🚰 🚻
Cottonwood Campground	11,0 km	1244 m	🚰 🚻 ⛺ ☏
Ribbon Falls	13,7 km	1134 m	
Phantom Ranch	22,0 km	776 m	🚰 🚻 ⛺ ☏

• Toroweap Overlook

Der vielfach als „schönster" titulierte Aussichtpunkt liegt 225 km Autofahrt vom North Rim Visitor Center entfernt. Die Anfahrt ist nicht einfach. Auf der sogenannten „Sunshine Route" verlässt man den Arizona Hwy. 389 etwa acht Meilen (13 km) westlich von Fredonia bzw. sechs Meilen (10 km) und biegt in südlicher Richtung auf die Country Road 109 ab. Damit beginnt das Abenteuer, 61 Meilen (98 km) über Waschbrettpisten mit vielen reifenmordenden scharfen Felsen und Unmengen von Staub. Vor Antritt der Fahrt sollte man sich auf jeden Fall beim Backcountry Information Center (Tel. 928-638-7875) über den aktuellen Straßenzustand erkundigen. Mindesten 2-3 Stunden muss man für die Anfahrt einplanen.

Die Aussicht vom Toroweap Point ind den engen und tiefen Canyon ist grandios.

Mindestens ein Ersatzreifen, Wagenheber und Werkzeug sollte man dabei haben. Zusätzlich einen Druckluftkompressor und natürlich ausreichend Treibstoff. Es gibt entlang der Country Road keinerlei Versorgung - weder Wasser, noch Verpflegung und auch kein Telefonservice. Bei einem Notfall ist man also auf sich selbst gestellt oder muss auf zufällig vorbeikommende Touristen warten. Ein entsprechender Vorrat an Getränken und Notverpflegung ist obligatorisch. Bei optimalem Wetter sowie vorsichtiger und vorrausschauender Fahrweise sollte die Anfahrt mit jedem normalen PKW machbar sein. Für die letzten 4-5 Meilen sind Allradantrieb und höhere Bodenfreiheit wegen dem felsigen Untergrund sehr hilfreich. Unter Umständen ist es sinnvoll, den Wagen auf dem Parkplatz etwa 3 Meilen vor dem Toroweap Overlook abzustellen und das Gelände auf Schusters Rappen zu erforschen. Eventuelle Abschleppkosten bei einer Panne beziffert der NPS übrigens auf 1.000 bis 2.000 Dollar. Wer die beschwerliche Anfahrt aber auf sich nimmt, wird mit der vielleicht eindruckvollsten Aussicht auf den Grand Canyon belohnt.

Die geologische Geschichte der Toroweap-Region ähnelt der des restlichen Grand Canyons, wurde aber in der jüngeren erdgeschichtlichen Zeit vom Vulkanismus geprägt. Die vulkanischen Aktivitäten formten vor etwa sieben Millionen Jahren die umgebende Landschaft. Vor etwa 1,2 Millionen Jahren floss mehr als ein Dutzend Mal glühende Lava in das heutige Toroweap-Tal, erkaltete und staute dort den

Colorado River. Sedimente, hoch über dem Fluss an den Wänden des Canyons, weisen auf die Aufstauung riesiger Seen hin. Im Laufe der Zeit aber erodierte der Fluß die Lava-Dämme und die Seen konnten wieder ablaufen. Reste dieser Vorgänge sind noch heute direkt westlich des Toroweap Points sichtbar.

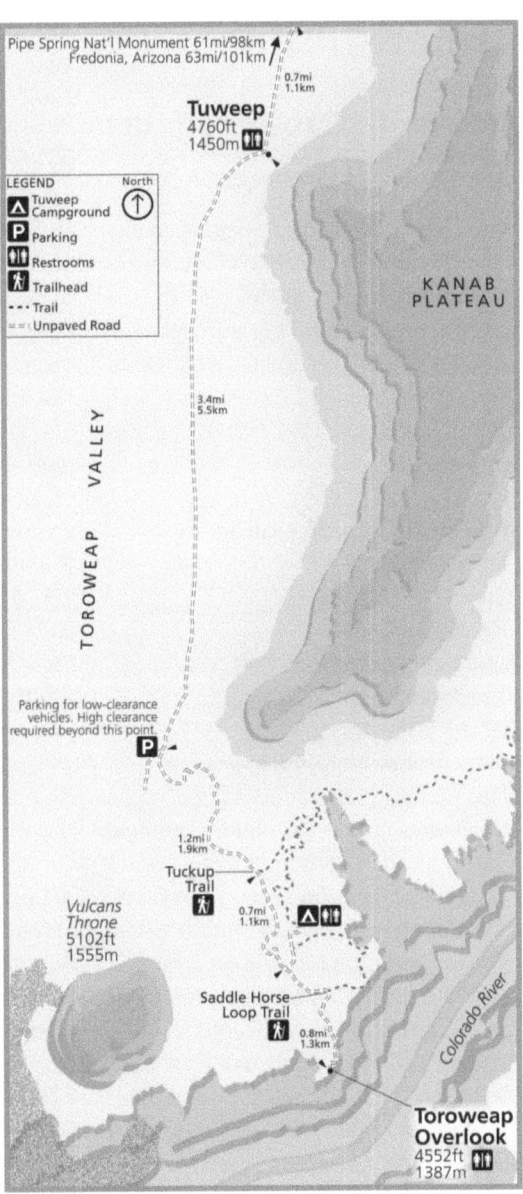

An dieser Stelle liegt heute das engste und tiefste Segment der inneren Schlucht - der Grand Canyon ist hier weniger als 1600 Meter breit. In fast 900 m Höhe über dem Colorado River bietet der steile Abhang vom Toroweap Overlook eine spektakuläre Aussicht. Der farbenfrohe rote Hermit Shale Sandstein im Osten kontrastiert mit den schwarzen, basaltischen Laströmen im Westen.

Es gibt zwei Wanderwege, die mit Cairns (Steinhaufen) markiert sind. Der sechs Meilen (10 km) lange „Tuckup Trail" zeigt eindrucksvolle Einblicke in die Geologie. Der Trailhead ist auf dem Campground bei Stellplatz 10. Der Rund 45-minütige „Saddle Horse Trail" bietet spektakuläre Aussichten tief hinunter auf den Colorado River. Der Weg beginnt in der Nähe von Stellplatz 5 auf dem Campground.

Für die Nutzung des einfachen Campingplatzes (9 Stellplätze + ein Grup-penstellplatz, Trockentoiletten, kein Wasser) ist ein Permit und eine frühzeitige Reservierung erforderlich (www.nps.gov/grca/planyourvisit/backcountry-permit.htm). Fahrzeuge und Gespanne mit über 6,7 m Länge sind nicht zugelassen.

Unterkünfte

Hotels & Cabins an der North Rim

Auch wenn die North Rim deutlich weniger Touristen besucht wird, als die gegenüberliegende Seite, sind die Unterkünfte auch hier in der Hochsaison, an Feiertagen und an Wochenenden oft ausgebucht. Es empfiehlt sich daher unbedingt eine frühzeitige Reservierung.

● **Grand Canyon Lodge**
Highway 67
Grand Canyon, AZ 86052
Tel. 928-638-2611
gnrgm@gcnr.com
Reservierungen:
Tel. 877-386-4383
www.grandcanyonforever.com
Das rustikale Lodge, erbaut zwischen 1927 und 1928, ist kein normales Hotel. Im imposanten Hauptgebäude sind lediglich Restaurants, Verwaltung und Service untergebracht, die Gäste wohnen in einem Nebentrakt oder den angegliederten Cabins. Neben den Pioneer Cabins für sechs Personen (ein Queen-, ein Full- und ein Hochbett, Duschbad, Kaffeemaschine und Mini-Kühlschrank) gibt es Western Cabins für vier Personen (zwei Queen-Betten, Duschbad, Kaffeemaschine und Mini-Kühlschrank) und Frontier Cabins für der Personen (ein Doppel-, ein Einzelbett, Duschbad). Die Motel-Rooms sind für maximal drei Personen zugelassen und verfügen über ein Queen Bett, Duschbad und Mini-Kühlschrank. Ein zusätzliches Rollbett kann gebucht

werden. Auf der Terrasse der Lodge lässt es sich hervoragend relaxen. Geöffnet von 15.05. bis 15.10.

Restaurants:
- Grand Canyon Lodge Dining Room
Gutes Essen, perfekter Service, gediegenes Ambiente und eine einmalige Aussicht.
Frühstück: 6.30 bis 10.00 Uhr
Mittagessen: 11.30 bis 14.30 Uhr
Abendessen: 16.30 bis 21.30 Uhr
Für das Abendessen ist eine Reservirung erforderlich: Tel. 928-638-2611
- Deli in the Pines
an der Grand Canyon Lodge
Grand Canyon, AZ 86052
Für den kleinen Hunger zwischendurch: Pizza, Sandwiches, Snacks und Eis.
Geöffnet von 10.30 bis 21.00 Uhr.
- Rough Rider Saloon
im Grand Canyon Lodge Komplex
Grand Canyon, AZ 86052
Urig eingerichtete Kneipe für den Drink am Abend oder nach der Wanderung. Neben Margarita und Hefeweizen stehen auch typische US-amerikanische Snacks auf der Karte.
Geöffnet von 11.30 bis 22.30 Uhr.
- Coffee Shop
(im Rough Rider Saloon)
9 North Village Loop Drive
Grand Canyon, AZ 86052
Hier genießt man zum Frühstück Espresso, Cappuccino oder Kaffee. Dazu Muffins, Zimtschnecken oder Burritos.
Geöffnet von 05.30 bis 10.30 Uhr.

Campgrounds North Rim

• North Rim Campground

Rund 2 km von der Grand Canyon Lodge entfernt (Transept Trail o. AZ 67) Tel. 928-638-7805

Der Campground liegt unter schattigen Bäumen direkt an einem Seitencanyon (The Transept) der großen Schlucht. 78 RV- und weitere Zelt-Stellplätze. Keine Hook-ups, aber Duschen, Toiletten, Laundry und eine Dumpstation. Gut ausgestatteter General Store (07:00 bis 20:00 Uhr) und Tankstelle (08:00 bis 17:00 Uhr).

Öffnungszeit: 15.05. bis 15.10.

Reservierungen bis zu 6 Monaten im voraus: Tel. 1-877-444-6777

Online: *www.recreation.gov/*

Backcountry Campgrounds

Darüberhinaus ist erlaubnispflichtiges Backcountry-Campen möglich. Es gibt drei Campingplätze entlang der Corridor Trails: Indian Garden Campground, Bright Angel Campground und Cottonwood Campground. Bis zu zwei Nächte (aufeinanderfolgend oder nicht aufeinanderfolgend) pro Campingplatz pro Wanderung darf man hier verbringen. Vier Übernachtungen sind vom 15.11. - 28.02. erlaubt.

Für Mehrtageswanderungen mit Übernachtung im Hinterland ist eine Genehmigung erforderlich. Die Permits und weitere Infos sind erhältlich im **Backcountry Information Center** (unmittelbar östlich der Maswik Lodge) PO Box 129
Grand Canyon, AZ 86023
Tel. 1-928-638-7875
(Mo-Fr. von 08.00 bis 17.00 Uhr).

• Cottonwood Campground

Der kleine Campingplatz für zwölf Zelte liegt am North Kaibab Trail, etwa 6,8 Meilen von der North Rim und 16,6 Meilen von der South Rim entfernt. Der Platz ist das ganze Jahr über geöffnet, Trinkwasser ist jedoch nur saisonal etwa Mitte Mai bis Mitte Oktober verfügbar. Außerhalb der Saison kann man das Wasser des in der Nähe vorbeifliessenden Bright Angel Creek filtern und entsprechend behandeln. Der Campground verfügt über Toiletten und ein Notfalltelefon. In der Gegend leben Hirsche und Eichhörnchen. Cottonwood Campground ist ein guter Ausgangspunkt für Tageswanderungen nach Roaring Springs, Ribbon Falls und Manzanita Canyon.

Außerhalb des Parks

86022 Jacob Lake

Das „Tor zum Grand Canyon" liegt auf etwa 2.400 Metern Höhe an der Kreuzung der US Route 89A und der State Route 67, die geradewegs zur North Rim führt. Inmitten herrlicher Pinienwälder ein Motel mit angeschlossenem Restaurant und Bäckerei, einen Campingplatz, eine Tankstelle und ein Visitor Center des US Forest Service. Thats all.

Hotels / Motels in 86022 Jacob Lake

• Kaibab Lodge

Grand Canyon Highway (AZ 67) 8 Km nördlich der NP-Grenze. Tel. 928-638-2389
www.kaibablodge.com.

● **Jacob Lake Inn**
Highway 89A und AZ 67
Tel. 928-643-7232
jacob@jacoblake.com
www.jacoblake.com

Campingplätze
in 86022 Jacob Lake

● **Kaibab Camper Village**
Forest Road 461
Tel. 928-635-5251
www.kaibabcampervillage.com
Herrlicher, unter hohen Nadelbäumen
gelegener Platz für Zelte und RVs bis
40 ft. Full Hook-ups, Duschen, Wasch-
küche und Campershop.
Geöffnet vom 14. Mai bis 15. Oktober.

● **Demotte Campground**
Zufahrt über die AZ 67
8 km nördlich der NP-Grenze.
Info Tel. 928-643-7395
www.kaibabcampervillage.com
Reservierungen:
www.recreation.gov oder Tel. 877-
444-6777
US Forest Service Campground mit 38
Stellplätze für Zelte, Trailer und „small
Motorhomes". Die Hälfte der Plätze
wird nach dem First-come/First served
Prinzip vergeben. Der Rest kann vorab
reserviert werden. Keine Hook-ups.
Geöffnet vom 14. Mai bis 15. Oktober.

86046 Fredonia

Die nördlichste Stadt Arizonas mit knapp
1300 Einwohnern liegt an der Kreuzung
der Arizona State Route 389 und dem
US Highway 89A. Die Entfernung zur
North Rim beträgt etwa 120 km.

Hotels / Motels in
86022 Fredonia

● **Grand Canyon Motel**
175 S Main Street (Hwy 89A)
Tel. 928-643-7646
info@grand-canyon-motel.com
www.grand-cnyon-motel.com

Campingplätze in
86022 Fredonia

● **Country Rose RV Park**
401 South Main Hwy 89A
Tel. 928-232-0310
www.countryroserv.com
Wenig Schatten, für Zelte und RVs,
Full Hookup, Duschen, Wifi

84741 Kanab

Zentral zwischen den Nationalparks
Grand Canyon (North Rim), Zion und
Bryce Canyon gelegen, bietet der 1864
gegründete Ort mit heute rund 4.100
Einwohnern Einkaufs- und Versor-
gungsmöglichkeiten aller Art.

**26 Motels und Hotels aller Preis-
klassen warten in Kanab auf Besucher.**

Campingplätze in
86022 Kanab

● **Kanab RV Corral**
483 S 100 E
Tel. 435-644-5330
Zentral gelegen, 42 Full Hook-up
Stellplätze, saubere Waschräume und
Pool, Wifi.
www.kanabrccorral.com

- **Hitch-N-Post RV Park**
196 E 300 S
Tel. 435-644-2142
Full Hook-up Stellplätze bis 50ft. Toiletten, Duschen, Wifi.
www.hitchnpostrvpark.com

- **Crazy Horse RV Park**
625 E 300 S
Tel. 435-644-2782
74 Full Hook-up und Zelt-Stellplätze, Waschräume, Pool, Wifi
www.crazyhorsecamppark.com

Grand Canyon NP North Rim von A bis Z

Apotheken.
- in 84741 Kanab
- **Kanab United Drug**
176 W Center Street
Tel. 435-644-2418
- **Zion Pharmacy**
14 E Center Street
Tel. 435-644-2693

ATM Geldautomaten
- im Park
- **Roughrider Saloon**
in der Grand Canyon Lodge
- **General Store**
auf dem North Rim Campground

- in 86022 Fredonia
- **Kaibab Redcliff Store**
2 Pipe Springs Road

- **Cardtronics ATM**
623 S Main Street

Auto-Service
- im Park
- **Service Station**
an der Straße zum Campground
Tel. 928-638-2631

- in 86022 Jacob Lake
- **Chevron Gas Station**
US 87A
Tel. 928-643-7232
24h tanken mit Kreditkarte, Reifen-Service

- in 84741 Kanab
- **Little's Diesel Service**
1600 S Highway 89A
Tel. 435-644-8785
www.littleskanab.com
- **Ramsay Towing & Service Center**
115 S 100 E
Tel. 435-644-8070
- **Bowman's Diesel Service**
115 S 100 E
Tel. 435-644-5780
www.bowmansdiesel.com

Auto Vermietung
- in 84741 Kanab
- **Xpress Rent-a-car**
1530 US 89
Tel. 435-644-3408
www.xpressrentalofkanab.com

Bibliothek
- in 86022 Fredonia
● Fredonia Public Libary

130 N Main Street

Tel. 928-643-7137

Mo-Do von 08:00 bis 18:00 Uhr

Fr von 10:00 bis 14:00 Uhr

Flugplätze
- in 84741 Kanab
● Kanab Municipal Airport

2378 S Highway 89 A

Tel. 435-644-2299

www.kanab.utah.gov/2151/Airport

Guides & Outfitters
- in 84741 Kanab
● Dreamland Safari Tours

4350 E Mountain View Dr

Tel. 435-644-5506

www.dreamlandtours.net

● Kanab Tour Company

176 S 100 E

Tel. 435-644-5525

www.kanabtourcompany.com

● Action Photo Tours

Tel. 208-789-5899

info@actionphototours.com

www.actionphototours.com

Lebensmittel
- im Park
● General Store

North Rim Campground

Vom 15.05 bis 15.10 täglich von

07:00 bis 17:00 Uhr.

in 86022 Jacob Lake
● North Rim Country Store

Am Highway 67, Milepost 605

betsy@northrimcountrystore.com

Tel. 928-638-2383

www.northrimcountrystore.com

Nur in den Sommermonaten geöffnet

in 86022 Fredonia
● Lynx Fuel and Food Mart

395 S Main Street

Tel. 928-643-7274

- in 84741 Kanab
● Glazier's Market

Junction Hwy 89 & 89A

Tel. 435-644-5029

www.glaziersmarket.com

● Honey's Marketplace

260 E 300 S

Tel. 435-644-5877

www.honeysmarketplace.com

Medizinische Versorgung
- in 86022 Fredonia
● Fredonia Community Health Center

100 E Wood Hill Road

Tel. 928-522-9400

- in 84741 Kanab
● Kane County Hospital

355 N. Main Street

Tel. 435-644-5811

Mo - Fr von 08:00 bis 17:00 Uhr

www.kchosp.net

● Kanab Family Medicine

355 N. Main Street

Tel. 435-644-4100

Mo - Fr von 08:00 bis 17:00 Uhr

Post
- im Park
- **Post Office**

in der Grand Canyon Lodge
Mo-Fr von 08:00 bis 16:30 Uhr und
von 13:00 bis 17:00 Uhr

- in 86022 Fredonia
- **US Post Office**

85 S. Main Street
Tel. 928-643-7122

- in 84741 Kanab
- **US Post Office**

39 S Main St
Tel. 435-644-2760

Tankstellen
- im Park
- **North Rim Chevron**

1700 Desert View Nähe E Rim Dr.
Treibstoff inkl. Diesel mit Kreditkarte
rund um die Uhr.

- in 86022 Jacob Lake
- **Chevron Gas Station**

US 87A
Tel. 928-643-7232
24h tanken mit Kreditkarte, Reifen-
Service

- in 86022 Fredonia
- **Chevron**

623 S Main Street
Tel. 510-2425-357
- **Sinclair Fredonia Shortstop**

10 N Main Street
Tel. 928-643-7110
- **Lynx Fuel and Food Mart**

395 S Main Street
Tel. 928-643-7274

Visitor Center
- im Park
- **Grand Canyon Visitor Center**

Tel. 928-638-7888
Im Sommer von 08:00 - 18:00 Uhr

- in 86022 Jacob Lake
- **Kaibab Plateau Visitor Center**

Az Highway 67
Tel. 928-643-7298 oder
Tel. 928-643-7395
Vom 15.05 bis 15.10 täglich von 08:00
bis 17.00 Uhr

- in 84741 Kanab
- **Grand Canyon Trust Visitor Center**

745 E Highway 89
Tel. 435-644-1300
Geöffnet von 08:00 bis 16:30 Uhr

- **Kanab Visitor Information Center**

78 South 100 East
Tel. 435-644-5033
Mo bis Fr von 08:00 bis 19:00 Uhr
Sa & So von 08:00 bis 17:00 Uhr

Waschmaschinen
- im Nationalpark
- **Campers Service**

North Rim Campground
07:00 bis 22:00 Uhr

„Wasser-Tankstellen"
- im Nationalpark
- North Kaibab Trailhead
- North Rim Visitor Center
- North Rim Backcountry Office

NP Vokabeln

4WD	Allradantrieb
AAA	US Automobilclub
accommodations	Unterkunft
alcove	Überhang
arch	Steinbogen
admission	Eintritt
backpacking	Rucksackwandern
badlands	Einöde
bald eagle	Weißkopf Seeadler
beam	Lichtstrahl (Canyon)
beaver	Biber
bison	Büffel
black bear	Schwarzbär
black water	Fäkalien
boardwalk	Brettersteg
booster cable	Starthilfekabel
bulletin board	Info Aushang
bullfrog	Ochsenfrosch
burro	Wildesel
butte	Tafelberg
cabin	Hütte
california gull	Silbermöve
campfire	Lagerfeuer
campground	Campingplatz
campsite	Standplatz
canyon	Schlucht, Tal
caprock	Felsnadel
cash	Barzahlung
chipmunk	Streifenhörnchen
clearance	Durchfahrthöhe
cliff	Klippe
coin operated	Münzbetrieb
cookout	Essen im Freien
cougar	Puma
corral	Pferdekoppel
coyote	Präriewolf
creek	kleiner Bach
dawn	Dämmerung
deposit	Anzahlung, Kaution
desert	Wüste
dirt road	ungeteerte Straße
drivers License	Führerschein
duck	Ente
dumping station	RV-Entsorgungsstelle
eagle	Adler
elk	Rothirsch
entrance	Eingang
equipment	Ausrüstung
exhibition	Ausstellung
fault	Graben
fee	Gebühr
firepit	Feuerstelle
firewood	Brennholz
fishing license	Angelschein
first aid kit	Erste Hilfe Kasten
flash light	Taschenlampe
flash flood	Überschwemmung
flush toilet	WC
fresh water	Frischwasser
frog	Frosch
gas station	Tankstelle
general store	Laden
golden eagle	Steinadler
gorge	Schlucht
gravel road	Schotterpiste
greyfox	Silberfuchs
grizzly	Braunbär
guided walk	Führung
gulch	Schlucht
handrail	Geländer
high clearance	hohe Bodenfreiheit
hike	Wanderung
hill	Hügel
hollow	Schlucht
hoodoo	Felsnadel
hookups	Anschlüsse für RV
horseback riding	reiten
lake	See
laundromat	Waschmaschine
laundry	Wäscherei
lighter	Feuerzeug
lizard	Eidechse
lodge	Unterkunftsgebäude
log cabin	Blockhaus
mailbox	Briefkasten
mammals	Säugetiere
marmot	Murmeltier

matches	Streichhölzer	RV	Wohnmobil
map	Landkarte		
marten	Marder	saddle trip	Reitausflug
meadow	Wiese	scenic view	Aussichtspunkt
medical service	Medizin. Versorgung	self guiding trial	Weg m. Schautafeln
mesa	Tafelberg	sequoia	Mammutbaum
moose	Elch	shelter	Schutzhütte
mountain	Berg	showers	Duschen
movie	Film	skunk	Stinktier
mule	Maultier	sleeping bag	Schlafsack
mule ride	Maultierritt	slickrock	glatter Sandstein
Muskrat	Bisamratte	slide programm	Diavortrag
		slot canyon	enge Schlucht
narrows	enge Schlucht	sparrow	Spatz
nature trail	Lehrpfad	spruce	Fichte
natural bridge	nat. Felsbrücke	squirrel	Eichhörnchen
noon	Mittag	stable	Reitstall
NPS	National Park Service	stagecoach	Postkutsche
		steep	steil
oak	Eiche	summit	Gipfel, Passhöhe
offroad	abseits der Straße	sunrise	Sonnenaufgang
osprey	Fischadler	sunset	Sonnenuntergang
owl	Eule	supplies	Vorräte
		SUV	Freizeit/Allrad-Kfz
park entrance	Parkeingang	swallow	Schwalbe
paved road	Asphaltstraße	swift	Mauersegler
peak	Gipfel		
permit	Eraubnis	tent	Zelt
petroglyph	Felszeichnung	titmouse	Meise
pictograph	Felsmalerei	towhee	Fink
pillar	Steinsäule	track	Spur
pine	Kiefer	trail guide	Wanderführer
pinnacles	Säulen	trailhead	Startpunkt
pinyon jay	Blauhäher		
porcupine	Stachelschwein	valley	Tal
pronghorns	Antilopenart	viewpoint	Aussichtspunkt
propane	Campinggas	visitor center	Besucherzentrum
prarie dog	Erdhörnchenart	voucher	Gutschein
raccoon	Waschbär	waiting list	Warteliste
rapids	Stromschnellen	walk	Spaziergang
rattlesnake	Klapperschlange	wash	trockenes Flußbett
raven	Rabe	waypoint	GPS Wegpunkt
riding stable	Reitstall	weather	Wetter
red squirrel	Rothörnchen	weasel	Wiesel
restroom	Toilette	wood	Wald, Holz
rim	(Canyon)-Kante	wren	Zaunkönig
river	Fluß		
rock hound	Mineraliensammler		
ruin	Ruine		

US Nationalpark Guides

Arches Nationalpark	in Vorbereitung
Bryce Canyon Nationalpark	in Vorbereitung
Capitol Reef Nationalpark	ISBN 978-3-74316-028-6
Canyonlands Nationalpark	in Vorbereitung
Death Valley Nationalpark	in Vorbereitung
Everglades Nationalpark	in Vorbereitung
Grand Canyon Nationalpark	ISBN 978-3-746-00608-6
Joshua Tree Nationalpark	in Vorbereitung
Petrified Forest Nationalpark	in Vorbereitung
Yellowstone Nationalpark	ISBN 978-3-74317-277-7
Yosemite Nationalpark	in Vorbereitung
Zion Ntionalpark	in Vorbereitung

US Highway Guides

Utah Scenic Byway 12 - Mile by Mile	in Vorbereitung

Erhältlich in allen gut sortierten Buchhandlungen sowie im Onlineversand bei www.amazon.de, www.buch.de u.v.a.m.

Info:
www.nationalpark-guide.de

Planen.   Reisen.   Erleben.